シンボルで味わう典礼・礼拝

宮越俊光

日本キリスト教団出版局

はじめに——典礼におけるシンボル

古来、多くの文化や宗教は、人間が神的、超越的、神秘的な何ものかを捉えるために、人間の感覚で理解できる自然物や図像やしぐさなどをシンボル（象徴）として用いてきました。聖書でも、動物や植物、場所、数字など多くのシンボルが用いられています[1]。

シンボルの受け止め方

プロテスタント教会は、カトリック教会や東方正教会などに比べてあまりシンボルを用いてきませんでした。特集として「信仰の表現としての象徴」を取り上げた『礼拝と音楽』88号では、プロテスタント教会がシンボルをあまり用いなくなった理由の一つに、ピューリタン的な基盤が強く、「今までできていた、形になったものをまず否定してかかることから始まったため」と述べています。さらにもう一つの理由として、「神の言葉の宗教というものが非常に強調される」という点を挙げています[2]。

これまで、プロテスタント教会では「ことば」の側面が、カトリック教会では「しるし」の側面が強調される傾向が強かったのは事実です。そこには、カトリック教会では聖体を中心とする諸秘跡（サクラメント）や準秘跡とそこで用いる感覚的しるしを重視してきたのに対し、プロテスタント教会ではシンボルやしるしの要素を削ぎ落として神のことばと説教に集中してきたという背景があると思われます。近年はこうした従来の傾向にとらわれずに、カトリック教会では聖書と説教の重要性を再認識し、プロテスタント教会ではシンボルの役割を意識するようになっています。

シンボルとは

『大辞林』（第4版）によるとシンボルとは「象徴」に同じとされ、その象徴は、「直接的に知覚できない概念・意味・価値などを、それを連想させる具体的事物や感覚的形象によって間接的に表現すること。また、その表現に用いられたもの」と説明されています。

「シンボル」という語は、ギリシア語の「シュンボロン（symbolon）」に由来します。「ともに（sym）」と「投げること（bolē）」から成り立ち、「割符、証明書」などの意味があります。また、動詞「シュンバロー（symballō）」には「一緒にする」という意味もあります。つまり、別々の二つのものが一つにされることで何らかの意味をもつようになることを指しています。古代教会の時代から、キリスト者の間で共有された信仰告白の定式である「信条」がシュンボロン（ラテン語では symbolum）と呼ばれたのも、信条をともに唱えることがキリスト者であることのあかしとなり、信条が、キリスト者にとってのいわば「合い言葉」のような役割を果たしたからでしょう。シンボルは、それを用いる人々がシンボルの示す意味についての共通理解をもっているときに機能し、共同体のきずなを深める役割を果たします。

キリストによる神との出会い

神による救いの計画は、イエス・キリストにおいて頂点に達しました。イエスのことばと行いを通して、神がどのような方であるか、神がどれほどわたしたちを愛しているかを知ることができます。「わたしを見た者は、父を見たのだ」（ヨハネ 14・9）ということばを受け入れるとき、イエスの生涯が最も根本的なシンボルとなり、神との出会いへと招くのです。今橋朗(あきら)はシンボルについて次のように述べています。「『共に投げる』という原意に即して言うならば、『知られざる神』が我々にも認識可能な方向性に自らを投与し（顕現または啓示）、人間がその啓示されたものに向かって自己投企するところに象徴としての出会いと信仰が成立する」[3]。わたしたちを救うために自らを啓示される神は、わたしたちからの応答を待っています。神から人へ、人から神へという対話的かかわりにおいて、わたしたちはキリストを通して神との出会いへと導かれます。

ことばとシンボルの補完的関係

典礼においてことばはたしかに重要です。聖書はもちろんのこと、その説き明かしである説教、また神のことばを聴いた者の祈りや歌による応答など、キリスト教の典礼は初めから結びまでことばによって展開されていきます。典礼では、ことばが伝える内容をより具体的に受け止めるために、感覚で捉えることのできるシンボルを用いることがあります。同時に、シンボルが伝える意味をいっそう明確にするために、司式者や会衆が唱えることばが添えられることもあります。どちらか一方だけでは伝え尽くすことのできない神秘の奥行き、深さ、広さを、ことばとシンボルは互いに補い合いながら表現し、典礼を豊かにしています。

典礼では、自然物によるシンボル（水、火、油、香、灰など）、動作や身振りによるシンボル（立つ、座る、手を広げる、按手する、行列する、パンを裂くなど）、教会堂に関するシンボル（祭壇、朗読台、十字架など）、祭具によるシンボル（杯、ろうそく、祭服など）、色・文字・数字によるシンボルなど、実に多様なシンボルが用いられます。これらはその時々の教会の歴史や文化から影響を受けながら、その意味や解釈も発展し変化してきました。本書を通して典礼に用いるシンボルの背景や意味に親しみ、典礼そのものの味わいを深めていただければ幸いです。

1　M. ルルカー『聖書象徴事典』（池田紘一訳、人文書院、1988 年）、M. クリスチャン『聖書のシンボル 50』（オリエンス宗教研究所、2000 年）など参照。
2　編集部「共に生きるあかし――象徴とは」『礼拝と音楽』88 号（日本キリスト教団出版局、1996 年・冬）4 頁。
3　『キリスト教礼拝・礼拝学事典』200 頁。

目　次

装丁　熊谷博人
イラスト　吉永直子

カバー図版：オランスの姿勢をとるラヴェンナの司教聖アポリナーリス
サンタポリナーレ・イン・クラッセ聖堂（ラヴェンナ）、6世紀
図版出典：Public domain, via Wikimedia Commons

第1章　所作・動作

立　つ

立って神に祈る伝統[1]

着席と起立は、キリスト教の典礼における基本的な姿勢といえます。典礼は、神から人間へ、人間から神へという双方向の働きかけによって成り立っており、これに基づけば、着席はわたしたちに働きかける神のわざを受容するときの姿勢[2]、起立は神に敬意をもって積極的に心を向けるときの姿勢ということになります。

神に積極的に心を向けるために立つことは、旧約時代からの伝統です。モーセの律法の書が朗読され、説明されるとき、民は立ってそれを聞きました（ネヘミヤ記 8·5–7）。同じネヘミヤ記 9 章 5 節には、「立って、あなたたちの神、主を賛美せよ」とも記されています。また、幼子サムエルをささげるとき、ハンナは祭司エリに対して、「わたしは、ここであなたのそばに立って主に祈っていたあの女です」（サムエル記上 1·26）と告げました。

立って神に祈ることは新約聖書にも記されています。イエスは立って祈ることについて弟子たちに語りました（マルコ 11·25）。また、イエスのたとえ話に登場するファリサイ派の人と徴税人は、立って神に祈りをささげています（ルカ 18·11–13）。

キリストの復活との結びつき

キリスト教はその後、キリストの復活と関連づけて、立つ姿勢に独自の意味を見いだします。パウロは、復活したキリストに結ばれた者が悪と戦い（エフェソ 6·14）、もはや奴隷ではなく自由の身となった者であること（ガラテヤ 5·1）と関連づけて立つことに言及します。また、黙示録では、天に迎えられた者が神と小羊の前で立って賛美することが記されています（黙示録 7·9）。

立つことは、キリストの復活にあずかり、死に打ち勝って新しいいのちに満たされる喜びを表すとともに、主の再臨を待ち望んでたえず備えている者の姿を暗示しています。

教父たちによる説明

こうした考えは、キリスト教古代の教父たちにも受け継がれ、立つことがキリストの復活といっそう明確に関連づけて説明されるようになりました。カルタゴのテルトゥリアヌス（155頃～220年以降）は『兵士の冠について』の中で次のように述べています。

> 主の日に断食したり、ひざまずいて礼拝したりしてはならない、とわたしたちは考え、復活日から聖霊降臨日までもやはりそれらの義務を免除されている。[3]

同じテルトゥリアヌスは、『祈りについて』の中でも、主の復活の日にひざまずくことを控えるよう勧めています[4]。

また、殉教者ユスティノスの作とされてきた『正統信仰を奉じる者への質問と回答』には、「わたしたちは、復活のしるしとして主の日にはひざまずかない。復活を通して、キリストの恵みによってわたしたちは罪から解放されたのである」[5]と記されています。

教父たちによるこうした解説から、週ごとにキリストの過越を記念する日、すなわち主日（日曜日）には[6]、人々は主の復活を喜び祝うために立って礼拝に参加していたことが分かります。

しかし、中世以降、礼拝の中で会衆が参加する要素が徐々に減っていくと、立って神を賛美することよりも座って祈ることがしだいに増えていきました。

カトリックのミサ中の立つ姿勢

現在のカトリック教会のミサでは、会衆は通常、以下の部分で立つことになっています[7]。

① ミサへの導入である開祭の間

② 福音朗読前のアレルヤ唱（詠唱）と福音朗読の間

③ 信仰宣言（Credo）と共同祈願（信者の祈り）の間

④ 奉納祈願から聖体拝領まで

⑤ 拝領祈願（聖体拝領後の祈り）からミサの終わりまで

図：司祭と会衆がともに立つ

これらはいずれも、典礼への積極的、行動的な参加と結びついています。日本のカトリック教会はひざまずくことを立つ姿勢に変えているため[8]、司祭だけが立って行う説教の間を除いて司祭と会衆は同じ姿勢をとることになります。このように共通の姿勢をとることによって、ミサをともにささげる人々の一致を表しています。

立つ姿勢を保つときには心も神に向けることを忘れてはならないでしょう。ミサの中心となる奉献文（ユーカリストの祈り）の冒頭で、司祭は会衆に「心を上に（Sursum corda. / Lift up your hearts.）」と呼びかけます。身体的には立っていても心が神に向かっていないなら、その姿勢は表面的なものになってしまいます。典礼での姿勢が形だけのものになってしまわないよう心がけたいものです。

1 以下は、NDSW, pp. 504–505 を参照。

2 座る姿勢については次項を参照。

3 テルトゥリアヌス「兵士の冠について（*De corona*）」3･4（『キリスト教教父著作集 16 テルトゥリアヌス 4 倫理論文集』木寺廉太訳、教文館、2002 年、291 頁）。

4　テルトゥリアヌス『祈りについて（*De oratione*）』23（PL 1: 1298–1299）参照。
5　キュロスのテオドレトス『正統信仰を奉じる者への質問と回答（*Quaestiones et responsiones ad Orthodoxos*）』115（PG 6: 1363）（筆者訳）。
6　主の日については本書100頁以下を参照。
7　「ローマ・ミサ典礼書の総則」43参照。
8　ひざまずく姿勢については本書17頁以下を参照。

座　る

着席――礼拝の基本姿勢

図1：座る

日常生活では、事務的な仕事、勉強、食事、読書、コンサート、乗り物など、さまざまな場面で着席します。わたしたちは、座ることによって気持ちを落ち着かせ、集中して何かに取り組むことができます。また、座ることは心や体の休息のためにも役立ちます。

礼拝において、座ることは立つこととともに用いられる基本的な姿勢です。「立つ」でも述べましたが[1]、座ることには、わたしたちに働きかける神のわざや語られることばを受け止めるという側面があります。けれども、それは単に受け身の態度を示しているのではありません。神のわざやことばに心を開き、それらを迎えようとする、積極的な心のあり方がそこにはあります。告げられることばへの集中とその黙想、聞いたことばから生まれる祈りや賛美など、わたしたちは礼拝の中で座りながらも、何らかのことに取り組んでいます。

着席して司式した司教

英語の“preside”はラテン語の“praesidere”に由来し、「司会する」、「議長を務める」などの意味があります。“praesidere”は、“prae”（前に）と“sedere”（座る）から成り、「前に座る」、「主宰する」の意味になりました。古代社会では、権威をもって何かを告げるときは席に座ることが一般的であったからでしょう。イエスも、山上の説教のときには腰を下ろして教えを述べ（マタイ 5·1）、ナザレの会堂ではイザヤ書を立って朗読した後、席に着いて人々に語りかけました（ルカ 4·20）。かつての教会でも、司教は説教のとき、司教座（カテドラ）に座って語ることが多かったようです[2]。現在でも、カトリック教会の『司教儀典書』では、司教は座って説教をすることが勧められています[3]。

礼拝における会衆の着席[4]

古代教会の礼拝では、会衆は、病者や高齢者を除いて立つかひざまずく姿勢で参加するのが一般的だったと思われます。ただし、エゲリアによれば、4世紀末のエルサレムでは司教がいる場合、一同は座るよう命じられていました[5]。したがって、座ることに関しては地域差があり、統一した決まりはまだなかったといえます。後に、西方教会では起立と着席が礼拝に参加するときの会衆の基本的な姿勢になりましたが、東方正教会では、会衆は通常、立って礼拝に参加するようになり、今日に至っています。

図２：聖歌隊席で座って祈る修道女
『ヘンリー６世の詩編書』
(Cotton MS Domitian A XVII, fol. 74v)
1405 ～ 30年ごろ、大英図書館（ロンドン）所蔵

聖堂内に司式者以外の席を置くことは、修道院の聖堂内陣に、聖務日課を唱える各修道者のために個別に仕切られた席（Choir-stall）を設置したことと関係があ

るようです。また、中世期には、背もたれのないベンチが置かれるようになりましたが、会衆が座って礼拝に参加するのは、宗教改革のころからと考えられます。カトリック教会ではルネサンス時代以降、聖歌隊が歌うミサ曲などの聖歌を会衆が座って聞く機会が多くなりました。一方、プロテスタント教会では説教の時間を十分にとるようになったことに伴い、会衆が座って説教を聞くことが広まりました。こうして、会衆は着席して聖歌や説教を聞いて味わうことが普及しました。

内的な参加の表現としての着席

20世紀後半以降、典礼の改革が進められる中で、典礼での会衆の姿勢についても考察が深められ、新たな光が当てられるようになりました。たとえば、カトリック教会の現行のミサに関する規則では、会衆は次の箇所で座ることになっています[6]。

① 福音の前の聖書朗読と答唱詩編のとき
② 説教のとき

式 次 第		会衆	司式者
開祭	入祭の歌と行列	立つ	立つ
	あいさつ		
	回心の祈り		
	いつくしみの賛歌		
	栄光の賛歌		
	集会祈願		
ことばの典礼	第一朗読	座る	座る
	答唱詩編		
	第二朗読		
	アレルヤ唱（詠唱）	立つ	立つ
	福音朗読		
	説　教	座る	
	信仰宣言	立つ	
	共同祈願		
感謝の典礼	祭壇の準備と奉納行列	座る	立つ
	パンとぶどう酒を供える祈り		
	清　め		
	祈りへの招きと奉納祈願	立つ	
	奉献文	立つ	立つ
	対話句と叙唱		
	感謝の賛歌		
	記念唱		
	栄唱		
	主の祈り	立つ	立つ
	平和のあいさつ		
	パンの分割と平和の賛歌		
	拝領前の信仰告白		
	聖体拝領		
	拝領後の感謝（沈黙）	座る	座る
	拝領祈願	立つ	立つ
閉祭	お知らせ	（立つ）	（立つ）
	派遣の祝福	立つ	立つ
	閉祭のことば		
	退　堂		

主日のミサの会衆と司式者の座る・立つの動作

③ 奉納の供えものの準備のとき
④ 聖体拝領後の沈黙のとき（適宜）

聖書朗読と答唱詩編のときの着席は、告げられることばに集中して耳を傾け、聞いたことばを黙想することを目的としています。イエスを家に迎え入れたマリアが、イエスの足元に座ってイエスのことばに聞き入ったときのように（ルカ 10·39）、告げられる神のことばを受け止めようとする姿勢です。同様のことは説教のときの着席にも当てはまるでしょう。奉納の供えものの準備では、会衆の代表が祭壇にパンとぶどう酒を運び、司祭と奉仕者はこのパンとぶどう酒を受け取って祭壇に置き、必要なものを祭壇上に準備します。この間、会衆は着席して奉納の歌を歌ってパンとぶどう酒の行列を支え、司祭や奉仕者の一連の行為を見つめ、また司祭の祈りに心を合わせ、これから祝われる主の晩餐の記念に向けて自らの心を整えます。そして、聖体拝領（陪餐）の後の着席では、キリストのからだを受けた喜びを味わい、場合によっては拝領の歌を歌って、神への賛美と感謝の心を新たにします。

礼拝の中で座る姿勢には、立つ場合のように外面的な体の動きが伴わないので、積極的な参加の表現と感じられないかもしれません。しかし、前述したように座ることは、神のことばや祈願を傾聴し、それを深く受け止め、また受けた恵みを黙想するという、内的な参加を表す姿勢です。礼拝に慣れるにつれ、礼拝のどの部分で着席するのかはおのずと分かるようになりますが、座ることも礼拝への参加と結びついていることを意識するよう心がけたいものです。

1　立つ姿勢については本書 10 頁以下を参照。
2　「カテドラ（Cathedra）」もギリシア語の “kathézomai”（座る）に由来。
3　『司教儀典書（*Caeremoniale Episcoporum*）』142 参照。
4　以下は、NDSW, pp. 507–508 を参照。
5　エゲリア『巡礼記（*Itinerarium Egeriae*）』31·1（SChr 296: 274）参照。
6　「ローマ・ミサ典礼書の総則」43 参照。

〈図版出典〉
図２　http://www.bl.uk/manuscripts/FullDisplay.aspx?ref=Cotton_MS_Domitian_A_XVII

ひざまずく

ひざまずいて神に祈る

一般に、床や地面に両膝をついてひざまずくこと（kneeling）は、敬意、謙遜、嘆願などを表すときに用いる姿勢であると思います。

この姿勢は、聖書の中でも、神に向かって祈るときに用いられています。ソロモンはイスラエルの全会衆を前にして、ひざまずいて両手を天に伸ばして祈りました（歴代誌下 6·13）。詩編はこう歌います。「わたしたちを造られた方、主の御前にひざまずこう。共にひれ伏し、伏し拝もう」（詩編95·6）。また、イエスは、オリーブ山で捕らえられる前に、「父よ、御心なら、この杯をわたしから取りのけてください」とひざまずいて祈りました（ルカ 22·41）。そして殉教者ステファノは、死の直前にひざまずいて、「主よ、この罪を彼らに負わせないでください」と嘆願の叫びをあげました（使徒 7·60）。

礼拝におけるひざまずく姿勢[1]

古代教会の礼拝では、立つことが参加者の基本的な姿勢でした[2]。とくに主日と復活祭後の 50 日間（復活節）には、キリストの復活を象徴する立つ姿勢が奨励され、ひざまずく姿勢は用いられませんでした[3]。3 世紀の教父テルトゥリアヌス（155 頃～ 220 年以降）も同様のことを勧めていますが、他方、断食の期間にはひざまずいて謙遜な心をもって祈ることも勧めています[4]。

813 年のトゥールの教会会議では、主日と復活節を除いて、典礼における信者の通常の姿勢はひざまずくことであると強調されました。そして 13 世紀以降、聖別されたパンとぶどう酒、すなわちキリストの聖体への信心が高まるにつれ、ミサの中で司祭がパンとぶどう酒を聖別する祈りを唱えるときに会衆がひざまずくことが導入され、この姿勢がしだいに定着

図：ひざまずく

していきます。

ひざまずく姿勢が、会衆の通常の姿勢となった背景には、こうした聖体に対する熱心な信心や畏敬の心が強くなったことに加えて、それまで会衆が歌ったり応えたりしていた部分が聖歌隊や先唱者に取って代わられるなど、会衆が典礼の中で参加できる部分が減少していったことも一因であったと思われます。典礼は司式者と一部の奉仕者によって執り行われることとなり、会衆は司祭の祈りや聖歌隊の歌をひざまずいたり座ったりして静かに聞き、もっぱら回心と罪のゆるしのために個人的に祈るようになっていきました。また、信者は聖体を受けるとき、祭壇のある内陣と会衆席の間を仕切る聖体拝領台（communion rail）にひざまずいて、司祭から口に聖体を受けました。

現在のカトリック教会でのひざまずく姿勢

上記のようなミサ中のひざまずく姿勢は、第二バチカン公会議（1962〜65年）による典礼改革まで続きました。現在のミサに関する規定では[5]、パンとぶどう酒の聖別のとき会衆はひざまずくことが原則ですが、健康上の理由がある場合や、場所が狭い場合、参加者の数が多い場合、他の重大な理由がある場合にはこの限りではありません。こうした典礼における姿勢や動作を国民性や民族の伝統に適応する権限は、それぞれの国や地域の司教協議会にゆだねられています。そのため、日本では、聖別のときはひざまずかず、司祭も会衆も立ったまま手を合わせて深く礼をすることになりました。また、ミサやその他の典礼でも、ひざまずく姿勢を立って深く礼をする所作に変えています。日本では、相手に敬意を表す場合には、深く丁寧（ていねい）に礼をすることが最も自然な所作であると判断したからです。なおこのことは、共同の祭儀である典礼の中での姿勢に関しての決定であり、個人的に祈る場合にひざまずくことは自由です。

片膝をつく表敬

典礼では、両膝をついてひざまずく姿勢だけでなく、片方の膝を床につける表敬（genuflection または bending the knee）も用いられてきました。通常は、右足を一歩後ろに引いて腰を落とし、右膝を床に軽くつけてから再び立ち上がる所作です。

片膝をつく表敬は王や皇帝に拝謁したり敬意を表したりするときの所作であったため、初期のキリスト教では用いられなかったようです。やがて、両膝をつく姿勢が普及するのに伴い、片膝をつく表敬もしだいに用いられるようになりました。11 世紀には、日曜日のミサでニケア・コンスタンチノープル信条（Credo）を唱えるとき、みことばの受肉について述べる “Et incarnatus est”（からだを受け）の箇所で片膝をついて敬意を表すようになりました。また、14 世紀以降は、聖別されたパン（聖体）の前では片膝をついて表敬することとなり、この表敬は磔刑（たっけい）の十字架、祭壇、司教の前でも行われました。そして、1570 年に発行された『ローマ・ミサ典礼書』では、両膝をつく姿勢と片膝をつく所作の両方が表敬のために用いられることとなりました。

現在のカトリック教会でも、片膝をつく表敬は聖体に対して行われます。また、聖金曜日の主の受難の典礼で行われる十字架の礼拝から復活徹夜祭が始まるまでの間、十字架に対しても用いられます。ミサでは、司祭が聖別の祈りを唱えてからパンとぶどう酒の杯をそれぞれ会衆に示した後と、聖体拝領の前の所作として用いられます。また、聖体が聖堂内に保存されている場合、その前を通り過ぎるときにも片膝をついて表敬します[6]。こうした表敬は、両膝をつくひざまずく姿勢と同様に、それぞれの司教協議会の判断で別の所作に変更することが可能なので、日本では、立って手を合わせて頭を下げる所作に統一しています。

1　以下は、NDSW, pp. 505–507、J. A. Jungmann, *Missarum Sollemnia - Eine genetische Erklärung der Römischen Messe* 1, 5. Auflage, Wien 1962, pp. 314–315 を参照。

2　立つ姿勢については本書 10 頁以下を参照。

3　ニケア公会議（325 年）の「規定（Canon）」20（MaC 2: 677B）参照。

4　テルトゥリアヌス『祈りについて（*De oratione*）』23（PL 1: 1299）参照。
5　「ローマ・ミサ典礼書の総則」43。
6　同 268 参照。

オランス

手を上げて神に祈る

礼拝で立って祈るときの姿勢は、両手を胸の前で合わせる姿勢（合掌）が一般的ですが、両腕を広げて少し高く掲げる姿勢もあります。これはラテン語で「オランス（orans）」あるいは「オランテ（orante）」と呼ばれます。文字通りの意味は「祈っている」で、そこから「祈る人」、「祈禱者」の意味にもなりました。

手を上げて神に祈る姿勢は、エジプトやシュメールなどの古代社会でも用いられていたようです[1]。旧約聖書には次のような記述があります[2]。

> 嘆き祈るわたしの声を聞いてください。
> 至聖所に向かって手を上げ
> 　　あなたに救いを求めて祈ります。　　（詩編 28・2）

> 天にいます神に向かって
> 　　両手を上げ心も挙げて言おう。　　（哀歌 3・41）

また、新約聖書では、パウロが、「わたしが望むのは、男は怒らず争わず、清い手を上げてどこででも祈ることです」（Ｉテモテ 2・8）と述べています。

初期の時代のキリスト者たちの間でも、こうした伝統に基づいて、祈るときに手を上げる姿勢が受け継がれたのでしょう。

古代キリスト教におけるオランス[3]

キリスト教初期の遺跡である地下墓所（カタコンベ）や当時の石棺には、このオランスの姿勢をとる人物がしばしば描かれています。2世紀には、故人の名とその安息を願うことばがオランスの人物に添えられました。3世紀になると、「安らかに。我らのために祈りたまえ」のように、死者の安息を祈るとともに、死者に対して、生者のために祈るよう願うことばが添えられるようになりました。

図1：手を上げて祈る女性、プリシッラのカタコンベ（ローマ）、3世紀

古代教会の教父たちは、手を上げて祈ることについてたびたび言及しており、当時は手を上げて祈る姿勢が広く知られていたことをうかがわせます。たとえば、テルトゥリアヌス（155頃～220年以降）は、「わたしたちは手を上げるだけでなく、主の受難にならって手を広げ、祈りによって主に証言する」[4]と述べ、十字架上のキリストの姿と重ねています。オリゲネス（184/5～253/54年）は、「手を伸ばし、目をあげた姿勢は〔他の〕すべての〔姿勢〕よりも好ましいものであることを疑ってはなりません」[5]と述べています。さらに、ヨアンネス・クリュソストモス（347頃～407年）は、手を上げて祈ることを次のように説明しています。

> 祈るとき、なぜ手を上げようとするのでしょう。我々の手は多くの悪事にかかわっています。それで、我々の祈りが悪を縛りつけ、悪い行いを退けるために、手を上げるよう促されるのです。誘惑に駆られたり重荷を負わされたり苦しめられたりするとき、あなたは自分の守護者として神に向かって手を上げ、その手を通して霊的いけにえをささ

げることを思い起こしてください。[6]

また、ビザンティンの流れをくむ聖堂では、内陣後方のドーム状の天井に、オランスの姿勢のマリアや聖人などがしばしば描かれました[7]。

祈る教会のしるし

オランスの姿勢は、キリスト教古代においては司式者だけでなく典礼に参加する他の人々も用いていたようです。やがて司式者以外の人々は、ひざまずいたり胸の前で手を合わせたりして祈ることが一般的になり、オランスは、典礼に集う人々を代表して祈りをささげる司教や司祭の姿勢の中に残りました。

トリエント公会議（1545～63年）後のカトリック教会のミサでは、司祭のオランスの姿勢に関して、両腕は肩幅に開き、肩より高くは上げず、指を合わせたまま手のひらを開いて内側に向ける、という決まりがありました。第二バチカン公会議（1962～65年）後のミサでは、腕の上げ方や広げ方などに関する細かい指示はなくなり、典礼注記（rubric）には、「司祭は手を広げて祈る」という指示だけになりました。現在のミサで司祭が手を広げて祈るのは、司式者の祈りと呼ばれる奉献文（感謝聖別の祈り Eucharistic prayer）と三つの公式祈願（集会祈願・奉納祈願・拝領祈願）、そして共同祈願の結びの祈りや主の祈りなどのときです。

図2：オランスの姿勢

会衆がオランスの姿勢で祈るかどうかについては、カトリック教会では何も決められていません。国や地域によっては、たとえば主の祈りのときに会衆がオランスの姿勢をとる場合もあります。また、個人で祈るときに両手を上げる人もいます。会衆の祈りの姿勢は原則として各人にゆだねられていますが、祈りの姿勢も会衆の一致を示すしるしであると考えられるので、あまり統一感のない状態にならないようにする必要があります。

司式者がオランスの姿勢で祈るとき、礼拝のために集まった人々を代表して神に祈る務めを果たしていることが示されます。司式者のこのような姿によって、すべての人のために祈る教会の姿が表されているのです。

1 「ナンナル神に対する『手を上げる』祈禱文」『シュメール神話集成』(杉勇他訳、筑摩書房、2015 年) 171–175 頁参照。
2 ほかに出エジプト記 9·29、詩編 63·5、同 134·2 なども参照。
3 *New Catholic Encyclopedia*, Vol. 10, Detroit 2003, pp. 712–713 を参照。
4 テルトゥリアヌス『祈りについて (*De oratione*)』14 (PL 1: 1273) (筆者訳)。
5 オリゲネス「祈りについて (*De oratione*)」31·2 (オリゲネス『祈りについて・殉教の勧め』小高毅訳、創文社、1985 年、150 頁)。
6 ヨアンネス・クリュソストモス『説教 2——祈りについて (Homilia II: *De oratione*)』(PG 63: 586) (筆者訳)。
7 たとえば、ラヴェンナのサンタポリナーレ・イン・クラッセ聖堂の聖アポリナーリス (本書カバー参照) やキーウの聖ソフィア大聖堂のオランスの聖母など。

〈図版出典〉
図 1　Public domain, via Wikimedia Commons

手を合わせる

日本人にとっての合掌

礼拝で祈るとき、皆さんは両手の位置を意識しているでしょうか。礼拝に参加している人を見ると、胸の前で手を合わせる人、立ったまま両手の指を交互に組んで体の前に下ろしている人、座っているときは手を膝の上に置いている人などさまざまです。

手を合わせる「合掌」は、日本人にとっては生活の中で何気なく用いている習慣でしょう。食前の「いただきます」や食後の「ごちそうさま」のとき、あるいは、謝るときは「ごめんなさい」と言いながら、頼みごとをするときは「お願い」と言いながら、自然と手を合わせていないでしょうか。また、仏壇や墓を前にしたとき、多くの人は胸の前で手を合わせて祈るのではないかと思います。

合掌は、インドで古くから行われてきた敬礼法の一つで、南アジアの国々ではあいさつの際にも合掌する習慣があります[1]。インドでは右手は清浄、左手は不浄とみなされます。これを受けて、密教では右手が仏、左手が衆生を表し、両手を合わせることで仏と衆生が一つになるといわれます。また密教には、左右の手のひらと指をさまざまに組み合わせる十二合掌があります[2]。こうした習慣が、仏教を介して日本に伝えられ、目に見えない神仏の力や働きかけへの感謝や畏敬の心を表す所作として発展、定着していったといえるでしょう。また、仏教の寺院だけでなく、神社での拝礼の際にも多くの人は手を合わせて祈っています。

キリスト教と手を合わせる祈り

キリスト教徒にとって古くから用いられた祈りの姿勢は、立って両手を広げて掲げる「オランス」の姿勢です[3]。また、立つほかにも、ひざまずいたりひれ伏したりする姿勢なども用いられました。一方、手に関してはオランスのように上に掲げるか、十字架上のイエスのように両手を広げる以外、とくに決まった方法はなかったようです。

キリスト者が祈るときに手を合わせるようになったのは、中世以降、封建時代に定着した、主君に臣下が敬意や従順を表すために手を合わせた世俗的な儀礼の影響があったといわれます[4]。この動作は、神と主キリストに対する信者の敬意、敬虔、従順などの表現として教会に取り入れられました。

その後、ひざまずく姿勢とともに胸の前で手を合わせることは、キリスト者の祈りの姿勢として一般的になりました。たとえば、図1は14世紀に書かれたミサの解説書の回心の祈り（Confiteor）の部分ですが、祭壇に向かって立ち、手を合わせて祈る司祭の後方で、信者がひざまずいて手を合わせて祈る姿が描かれています。

どのように手を合わせるか

図１：手を合わせて祈る司祭と会衆
『神学論集』（Fr. 13342, fol. 45r）、14 世紀初め
フランス国立図書館（パリ）所蔵

その後、教会では祈るときに手を合わせることが広まりましたが、どのように手を合わせるかについては決められた方法はありませんでした。上記のように、密教には 12 種類の合掌があり、その一つひとつに名前と意味が与えられています。一方、キリスト教では手の合わせ方は各自にゆだねられていました。おそらく多くの人は、指を真っ直ぐに伸ばして手のひらを合わせていたのだと思います。図 1 の信者たちの手もそのように描かれています。また、ルネサンス期ドイツの画家 A. デューラー（1471 ～ 1528 年）による「祈る手（Betende Hände）」も、同じように指を伸ばして両方の手を合わせています（図 2）。

手の合わせ方を明記した資料としては、1886 年版の『司教儀典書』があります。この典礼書は、カトリック教会の司教が典礼を司式する際のさまざまな規則や留意事項をまとめたもので、「右手の親指を左手の親指の上に十字架の形になるように重ね、両方の手のひらを開いて胸の前で合わせる」[5] と指示されています。

図２：「祈る手」（A. デューラー作）

この指示では、親指以外の指を伸ばすのか、あるいは交互に組み合うのかは明記されていません。また、デューラーの「祈る手」のように指を真っ直ぐに伸ばして合わ

せるのか、手のひらを 90 度ずらして左右の手を握り合うように合わせるのかも明記されていません。

2008 年版の現行の『司教儀典書』107 では、上記の 1886 年版の指示が脚注に記載されています。ただし、これは絶対に守らなければならないものではなく、各自が慣れた方法で手を合わせているのが現状です。

手を合わせることの意味

典礼で手を合わせて祈ることについて、典礼学者 B. フィッシャー（1912 ～ 2001 年）は、仕事の手を休めて祈りに集中することと自らを天の父にささげることの二つの視点から説明しています[6]。手は働きのしるしと考えられるため、手を合わせることは、「仕事の終わったことを示し、外部的にも、内部的にも、すべてのことを休ませるしるし」とされます。「合掌」の「掌」は「たなごころ」、すなわち「手のこころ」である手のひらの中央を意味します。手を合わせたときにこの「たなごころ」を意識することにより、祈りに集中しやすくなるのではないでしょうか。「祈るときには戸を閉め、隠れたところにおられるあなたの父に祈りなさい」（マタイ 6·6）というイエスのことばのように、わたしたちのうちに現存する神を意識して祈ることができると思います。

また、上記のように主君に対して臣下が従順を表すために手を合わせたことにならい、キリスト者は神に向かって手を合わせることにより、神への忠実さと、自らをささげる心を表します。カトリック教会の司祭叙階式では、司教への従順を誓う場面で、叙階される助祭は司教の前にひざまずき、両手を合わせて司教の手の中に置きます。信者が手を合わせて祈るときも、祈りと自分自身を神にささげ、神がその手を取って導いてくださることを願うのです。

1 中村元他編『岩波 仏教辞典 第二版』（岩波書店、2002 年）153 頁参照。
2 「WEB 版新纂浄土宗大辞典」http://jodoshuzensho.jp/daijiten/index.php/%E5%90%88%E6%8E%8C 参照。
3 オランスについては本書 20 頁以下を参照。
4 J.-C. シュミット『中世の身ぶり』（松村剛訳、みすず書房、1996 年）302–304 頁参照。

5　『司教儀典書（*Caeremoniale Episcoporum*, ed. 1886）』I, XIX, 1 参照。
6　B. フィッシャー『教会と共なる生活——典礼問答』（J. アブリ訳、ドン・ボスコ社、1955 年）23–24 頁参照。

〈図版出典〉
図 1　https://gallica.bnf.fr/ark:/12148/btv1b105094193/f95.item
図 2　Albrecht Dürer, Public domain, via Wikimedia Commons

礼をする

礼——あいさつ、感謝、敬意の所作

典礼で用いる所作の中で、わたしたち日本人に最もなじみのある所作は「礼」でしょう。日常生活では、あいさつ、感謝、敬意などを表す際に礼をします。礼はとくに東アジアの国々において生活の中で用いられてきた所作で、座って行う「座礼」と立って行う「立礼」に分けることができます。日本では、「○○流」といった礼法の流派において、正しく美しい礼の作法が決められています。また、マナーの講習などでは、状況や相手に応じてどのぐらい腰を曲げるのがふさわしいか、三段階ぐらいに分けて指導されているようです。

聖書における礼

聖書の中で用いられる礼は、ひれ伏して相手に敬意を表す所作として用いられています。

> 民は信じた。また、主が親しくイスラエルの人々を顧み、彼らの苦しみを御覧になったということを聞き、ひれ伏して礼拝した。
>
> （出エジプト記 4·31）

アビガイルはダビデを見ると、急いでろばを降り、ダビデの前の地にひれ伏し礼をした。（サムエル記上 25・23）

主よ、あなたがお造りになった国々はすべて
御前に進み出て伏し拝み、御名を尊びます。（詩編 86・9）

自分より身分の高い相手に対して敬意を表すこのような礼は、イスラエルの民だけでなく多くの国や民族において見られる共通の所作といえるでしょう。

古代から中世の典礼における礼[1]

キリスト教の典礼において「礼」は、会衆が祝福を受けるときに行われました。『使徒憲章』と呼ばれる5世紀の文書には、「キリストを通して神のみ前に頭を下げ、祝福を受けなさい」という助祭の勧めのことばが記されています[2]。また、アルルの司教チェザリウス（470頃～542/43年）は説教の中でこう述べています。

聖職者が祭壇で祈るとき、あるいは助祭が声をあげて祈りに招くときはいつでも、心だけでなく体をしっかりとかがめてください。……祈るためにひざまずくことや祝福を受けるために頭を下げることを怠る人は、教会で、歌うことよりもおしゃべりをすることを選ぶ人と同じなのです。[3]

また、ミサをはじめとする典礼の中で祝福を授ける場合、通常は助祭が「神に対して頭を下げなさい」と告げ、続いて司教や司祭が会衆を祝福しました。

中世になると、礼は祝福を受けるときだけでなく、司式者が唱える祈願の間にも用いられ、祈願に心を合わせて祈る敬虔さを示す所作となりました。たとえば、7～8世紀のミサの規定をまとめた『オルド・ロマーヌス』と呼ばれる文書によると、ミサで最も重要な奉献文（ユーカリストの祈り）

では、奉献文を唱える司教以外の司祭や助祭は、感謝の賛歌（サンクトゥス）から奉献文の結びまで、立ったまま頭を下げる姿勢を保ちました[4]。

やがて10世紀以降には、神の前での敬虔な心を表す姿勢としてひざまずくことがしだいに広まり、西方教会では礼に代わる姿勢となって受け入れられていきました。

現在のミサにおける礼に関する規定

現在のカトリック教会のミサに関する規定では、礼の意味について、「人あるいはその人を示すしるしに対して敬意と栄誉が与えられることを意味している」[5]と述べられています。

そして、礼には頭を軽く下げる一礼[6]と深く頭を下げる礼[7]があり、次のように使い分けています。

① 頭を軽く下げる一礼

この礼は、父と子と聖霊の名が一緒に唱えられるとき、イエス、マリア、およびそのミサで祝う聖人の名前に対して行われることになっています。しかし、どの部分で一礼すればよいかという具体的な指示がないため、実際には慣習に従って実践されています。

たとえばミサの冒頭で、司式者が「父と子と聖霊のみ名によって」と唱えるとき、一同は十字架のしるしをします。右に述べたように父と子と聖霊が一緒に唱えられるので一礼してもよい箇所ですが、典礼注記（rubric）は十字架のしるしについて言及していても、一礼については何も触れていません。そのため、一礼しながら十字架のしるしをすることはあまりありません。一方、ミサの結びに会衆が司式者から祝福を受けるときは、「全能の神、父と子と聖霊の祝福が皆さんの上にありますように」と唱える司式者のことばに合わせて、会衆は祝福を受けるために自然と一礼する習慣があります[8]。また、ミサではなく聖務日課では、

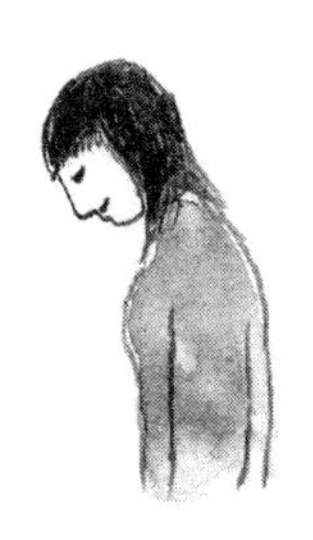

図１：祝福を受けるときの礼

栄唱「栄光は父と子と聖霊に……（グロリア・パトリ）」を唱えるとき、一同は一礼する習慣が浸透しています。

イエスの名については「栄光の賛歌（グロリア）」で、「主なる御ひとり子イエス・キリストよ」「すべてを越える唯一の主、イエス・キリストよ」とイエスに呼びかける箇所で一礼する習慣があります。これに対してマリアや聖人の名前に対する一礼はあまり実践されていません。

また日本では、ミサの開祭の回心の祈りで罪のゆるしを願うとき、手を合わせて少し身をかがめて悔い改めの心を表します。

② 頭を深く下げる礼

この礼は、教会堂におけるキリストの象徴である祭壇に対して行われます。また、ニケア・コンスタンチノープル信条と使徒信条でイエスの受肉に言及することば「聖霊によって、おとめマリアよりからだを受け」「主は聖霊によってやどり、おとめマリアから生まれ」を唱えるときや、助祭が福音を朗読する前に司式者から祝福を受けるときなどにも深く礼をします。

図２：祭壇への礼

なお日本では、ひざまずく姿勢は手を合わせて深く礼をすることに変えています[9]。たとえば、ミサで聖別されたパンとぶどう酒を司式者が会衆に示した後、聖体を拝領する前、聖体が保存されている聖櫃（せいひつ）[10]の前を通るとき、聖金曜日の典礼での十字架への崇敬のときなどです。

礼が過剰にならないように

カトリック教会の典礼では、礼が多すぎると指摘されることがあります。たとえば信徒が聖書朗読の務めを果たすとき、まず祭壇前で礼をし、次に司式者に対して礼をし、さらに朗読台に立つ前に礼をし、朗読後はこれらと逆の順序で礼をすることがありますが、ここで必要な礼は祭壇に対する礼と朗読後の一礼です。またその他の場合でも、司式者、奉仕者、会衆それぞれが、指示されていない箇所で礼を加えていることもあります。礼が日本人の生活習慣に浸透している結果ともいえますが、しるしは真に必要な場合に用いてこそ意味があることも念頭において実践する必要があるでしょう。

1　以下は、NDSW, p. 508–509 を参照。
2　『使徒憲章（*Constitutiones Apostolorum*）』VIII, 15, 6（SChr 336: 212）（筆者訳）。
3　アルルのチェザリウス「説教 77」（SChr 330: 224, 232）（筆者訳）。
4　『オルド・ロマーヌスⅠ（*Ordo Romanus I*）』87–89（M. Andrieu, *Les Ordines Romani du haut Moyen Âge II*, Louvain 1960, pp. 95–96）参照。
5　「ローマ・ミサ典礼書の総則」275 参照。
6　同 275a 参照。
7　同 275b 参照。
8　ここで会衆の多くは自分でも十字架のしるし（次項参照）をするが、典礼書にはその指示はない。
9　ひざまずく姿勢については本書 17 頁以下を参照。
10　聖櫃については本書 220 頁以下を参照。

十字架のしるし

十字のしるしはスイスの国旗や赤十字社のシンボルとしても使われますが、多くの人にとってはキリスト教を連想するしるしでしょう。国土地理院が発表している外国人向け地図記号でも、教会は のように十字架を伴う記号で示されます。

ここでは壁に掛けたり教会堂の屋根や鐘楼に取り付けたりする十字架ではなく、所作としての十字架のしるしについて取り上げます。

小さな十字架のしるし[1]

キリスト者にとって十字架は、罪と死に対するキリストの勝利のしるしです。また、神のものであることを示す封印・刻印として（エゼキエル書9·4–6、黙示録7·1–8)、信仰によってキリストのものとなったことを、自分自身にも他者に対しても示すしるしです。初期のキリスト者がいつごろから十字架のしるしを用い始めたのかは正確には分かりませんが、3世紀の初めにテルトゥリアヌス（155頃～220年以降）は、キリスト者が額に十字架のしるしをすることについてこう述べています。

> 至る所において、出入りするごとに、衣服を着たり、靴をはいたりするときも、入浴する際も、食卓においても、明かりを灯すときも、寝るときも座るときも、日常のどんな振舞いにも、わたしたちは額に十字を切る。[2]

また、3～4世紀の典礼について伝える『使徒伝承』にも次のように記されています。

> 試みにあう時、信仰をもって額に十字架のしるしをしなさい。……手で額と目に十字架のしるしをすることによって、わたしたちを討ち滅ぼそうと試みる者を退けるのである。[3]

このように、日常生活の中での信仰表明のしるしとして、あるいは試みを退けるために信仰を盾とする（エフェソ6·16）ように十字架のしるしを用いたようですが、当時のキリスト者の間でどの程度まで一般的であったかについては分かりません。なおこの時代は通常、右手の親指で、額や目などに小さな十字架のしるしをしていたようです。

秘跡や祝福の祭儀の中での十字架のしるし

やがて古代末期以降、教会では、人や物に対する聖別・祝福を与える行為の一つとして、典礼祭儀の中で十字架のしるしを用いるようになります。アウグスティヌス（354～450年）は次のように説明しています。

信じる者の額にであれ、それによって再生する水であれ、それを聖油として塗られるオリーブ油にであれ、それによって養われる犠牲にであれ、このしるしが刻まれなければ、それらのうち何一つとして正しく遂行されないのである。[4]

ここには、十字架のしるしが刻まれないなら、洗礼や堅信や聖体（ユーカリスト）などの秘跡（サクラメント）が正しく遂行されない、という理解があります。このような理解は古代から中世の教会において広く行き渡りました。また、5世紀以降、「カノン・ロマーヌス（Canon Romanus）」と呼ばれ、ミサで最も重要な祈りである奉献文（感謝聖別の祈り Eucharistic prayer）では、司式者は十字架のしるしを25回もしました[5]。このような十字架のしるしは、司教・司祭・助祭の叙階式や献堂式、種々の祝福式など主要な典礼の中にも導入されました。一方、宗教改革以降、プロテスタント諸教会では、秘跡に関する神学的見解の違いから、一部の教派を除いてこうした十字架のしるしは受け入れられませんでした。

三位一体の神への信仰の表明として

十字架のしるしをするとき、伝統的に「父と子と聖霊のみ名によって」と唱える習慣があります。父と子と聖霊への言及は、父と子との同質性を批判した4世紀のアレイオス派の異端に対抗する神学の影響を受けたものともいわれます[6]。

また、「父と子と聖霊の名によって洗礼を授けなさい」（マタイ28·19）というイエスのことばにあるように、洗礼のときの三一の神への信仰告白を思い起こすという意味もあります。「父と子と聖霊のみ名によって」と唱えて十字架のしるしをすることによって、キリストの死と復活にあずかる洗礼を受けてキリスト者となったことを想起するのです。

十字を切るときの所作

この三位一体の神への信仰告白と結びつけて、東方正教会では十字架のしるしをするときの手の形が決められています。すなわち、右手の親指と

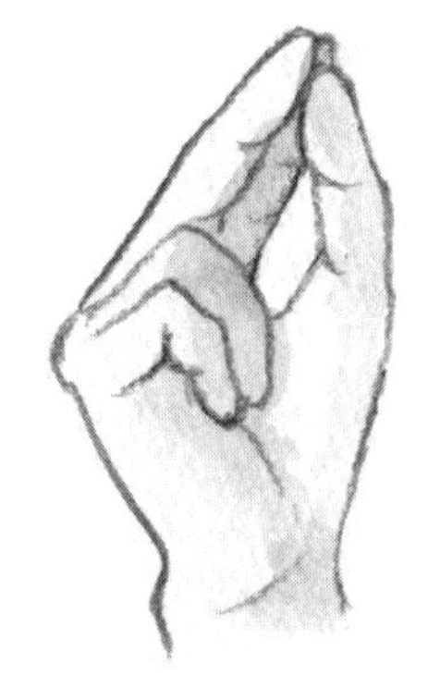

図1：
東方正教会で十字架のしるしをするときの手の形

人指し指と中指の3本の指を一点に合わせて三位一体を表し、薬指と小指を曲げて手のひらにつけてキリストの人性と神性を表します。この手の形を保って、自分の額→胸→右肩→左肩の順に十字をかきます（日本の正教会では「十字をかく」と言います）。現在のカトリック教会や聖公会などの西方教会で十字を切るときは、額→胸→左肩→右肩で、肩の順序が異なっていますが、13世紀ごろまでは西方教会でも東方正教会と同じ方法を用いていたようです。両教会でこのような違いがあるはっきりとした理由は不明です。なお、カトリック教会では、手の形に関する規定はなく、指をそろえて手を開いて、額から順に触れていく方法が一般的です。

図2：
十字架のしるしをするときに触れる場所

ミサの中での十字架のしるし

一例として、カトリック教会のミサで用いる十字架のしるしについて紹介しましょう。

① ミサの初めの入祭の歌の後、司祭は「父と子と聖霊のみ名によって」を唱え、会衆とともに十字架のしるしをします。

② 福音朗読を担当する助祭は朗読の前に司式司祭のもとに行き、司祭は十字架のしるしをして助祭を祝福します。

③ 助祭または司祭は福音書の表題「○○○による福音」を告げ、福音書と額、口、胸に十字架のしるしをし、他のすべての者も自分の額、口、胸に十字架のしるしをして「主に栄光」と唱えます。

④ 司祭は奉献文で、パンとぶどう酒の聖別のために聖霊の働きを願う祈り（エピクレーシス epiclēsis）で、「主イエス・キリストの御からだと御血になりますように」を唱えながら、パンとぶどう酒の杯の上に十

字架のしるしをします。

⑤ 結びの派遣の祝福のとき、司祭は、「全能の神、父と子と聖霊の祝福が皆さんの上にありますように」と唱えながら、会衆に向かって大きな十字架のしるしをします。司教が祝福をする場合には、「父と」「子と」「聖霊の」でそれぞれ1回ずつ（合計3回）十字架のしるしをします。

③の福音朗読前の額・口・胸への十字架のしるしは11世紀から導入され、その後、会衆も同じように三つの十字架のしるしをするようになりました。

十字架のしるしは教派によって実践の歴史や解釈が異なりますが[7]、こうしたしるしは機械的・形式的になり、動作もぞんざいになってしまう傾向があります。しるしの意味をよく味わいながら、丁寧（ていねい）にすることが大切です。

1　以下は、NDSW, p. 512、NWDLW, pp. 228–229を参照。

2　テルトゥリアヌス『兵士の冠について（*De corona*）』3·4（『キリスト教教父著作集16　テルトゥリアヌス4　倫理論文集』木寺廉太訳、教文館、2002年、291頁）。

3　『使徒伝承（*Traditio apostolica*）』42（B. ボット『聖ヒッポリュトスの使徒伝承』土屋吉正訳、オリエンス宗教研究所、1987年、99–101頁）。

4　アウグスティヌス『ヨハネによる福音書講解説教（*In Iohannis Evangelium tractatus*）』118·5（『アウグスティヌス著作集 第25巻』茂泉昭男・岡野昌雄訳、教文館、1993年、391頁）。

5　「カノン・ロマーヌス」は現在のミサでは第一奉献文にあたる。現在はどの奉献文でも、十字架のしるしはパンとぶどう酒を聖別する箇所で1回だけ用いられる。

6　『新カトリック大事典Ⅲ』138頁参照。

7　吉田雅人『今さら聞けない⁉ キリスト教——礼拝・祈祷書編』（聖公会出版、2015年）256–259頁参照。

接　吻

接吻の習慣の違い

世界には、人へのあいさつや物に対する敬意を表すために接吻を用いる習慣をもつ国や民族があります。人間同士の場合、相手に対する親愛の情を表すために、唇や頬への接吻が行われます。また、相手が王、貴婦人、教皇、司教などの場合、手の甲（あるいは指輪）に接吻をして、あいさつとともに忠誠を表す場合もあります。

物に対する敬意や崇敬としての接吻は、王・神々・聖人などの像や絵画、神聖な物や聖遺物などに対して行われます。

他方、日常生活の中でのあいさつとして接吻を用いる習慣がない日本のような文化もあります。イスラム教徒が多い地域では、人前での接吻が禁じられる場合もあるようです。

聖書における接吻[1]

旧約には、親や家族に対する接吻（創世記 27·26、出エジプト記 4·27、列王記上 19·20 など）、異教の神や偶像に対する接吻（列王記上 19·18、ホセア書 13·2 など）などがあり、親愛、尊敬、服従などの表現として用いられます。

新約で最も印象深いのは、ユダがイエスを裏切る際に行った接吻でしょう（マタイ 26·48–49、マルコ 14·44–45 など）。パウロはその書簡の結びで、「あなたがたも、聖なる口づけによって互いに挨拶（あいさつ）を交わしなさい」（ローマ 16·16）と述べています[2]。同様の勧めのことばはペトロの手紙一 5 章 14 節にもあります。「愛の口づけによって互いに挨拶を交わしなさい」。このように、誕生して間もない初期キリスト者の共同体では、キリストを信じる者相互の愛と信頼のしるしとして接吻が用いられていたと考えられます。

洗礼式における平和の接吻[3]

初期のキリスト者共同体では、同じ信仰に結ばれた兄弟姉妹のしるしとして接吻を交わしていましたが、やがて典礼の中での儀礼としての接吻が行われるようになります。ユスティノス（100頃〜165年頃）は、洗礼式の中で、洗礼を受けた受洗者が信者のもとに連れられ、ともに共同の祈りを唱えた後に「互いに接吻によってあいさつを交わす」[4]と述べています。3〜4世紀に書かれた『使徒伝承』にも、典礼の中で用いられた平和の接吻が記されています。新しく司教に叙階（叙任）された人に、一同は「平和の口づけをして、ふさわしい者となったことを認めるあいさつを」しました[5]。また、ユスティノスが伝えたように洗礼式の中で、洗礼後に司教が受洗者に油を塗ってから平和の接吻を与え、さらに会衆一同とともに祈った後に平和の接吻が交わされました[6]。他方、同じ『使徒伝承』は、洗礼前の志願者は、「平和の口づけは交わさない。その口づけがまだ聖なるものでないからである」[7]と述べ、キリスト者が交わす接吻と区別しています。

ミサで用いられる接吻

このような洗礼式における信者相互の平和の接吻は、4〜5世紀以降、通常のミサの中にも導入されました。すなわち、パンとぶどう酒を聖別した後や「主の祈り」を唱えた後に接吻を交わすなど、時代によっても変わっていきました[8]。

ミサの中ではほかに、祭壇への接吻と朗読福音書への接吻が行われます。

祭壇への接吻は4世紀以降に行われるようになりました。当時は建物に入るときに敬意を表すために敷居や門に接吻をする習慣がありましたが、ミサのときに

図：接吻による祭壇への表敬

はキリストの象徴である祭壇への接吻が行われました。中世になると、祭壇を建造するときに殉教者や聖人の遺骨（遺物）を納める習慣が定着しました。そのため、祭壇への接吻はこうした聖なる人々への崇敬の意味も込められました。現在のミサでは、司祭は入堂行列の後、祭壇に接吻をしてから自席に向かいます。また、ミサの結びでは、内陣を離れるときに、祭壇に接吻をしてから退堂します。いずれもキリストの象徴である祭壇に対する表敬です。

朗読福音書に対する接吻も、祭壇への接吻と同じような意味で行われるといえるでしょう。ミサで福音朗読を担当する助祭または司祭は、朗読後に福音書に接吻します。キリストが伝えた福音のことばをまとめた朗読用の福音書は、キリストのいのちのことばを象徴するものであるからです[9]。

初めに述べたように、接吻の受け止め方は文化によって異なります。そのため、日本のように接吻をあまり用いない国の場合は、他の方法に変えることが認められています[10]。日本のカトリック教会では、祭壇への接吻を両手で祭壇に触れて深く礼をすることに、朗読福音書への接吻を両手で福音書を掲げることに変えています。また平和のあいさつのときには、「主の平和」と唱えながら手を合わせて互いに一礼する方法が一般的です。

1 『聖書象徴事典』131–133 頁参照。
2 ほかにⅠコリント 16･20、Ⅱコリント 13･12、Ⅰテサロニケ 5･26 も参照。
3 以下は、NWDLW, pp. 267–268 を参照。
4 ユスティノス『第一弁明（*Apologia I*）』65･22（SChr 507: 302–303）（筆者訳）。
5 『使徒伝承（*Traditio apostolica*）』4（B. ボット『聖ヒッポリュトスの使徒伝承』土屋吉正訳、オリエンス宗教研究所、1987 年、11 頁）。
6 同 21（B. ボット、前掲書、55 頁）参照。
7 同 18（B. ボット、前掲書、41 頁）。
8 平和の接吻については本書 56 頁以下を参照。
9 朗読福音書については本書 171 頁以下を参照。
10 「ローマ・ミサ典礼書の総則」390 参照。

胸を打つ

回心の祈りのときの動作として

カトリック教会のミサの開祭では、入堂後、司祭は会衆とあいさつを交わすと、会衆を回心へと招き、一同は回心のことばを唱えます。現行の『ローマ・ミサ典礼書』ラテン語規範版からこれを直訳すると次のようになります。

わたしは全能の神と兄弟の皆さんに告白します。
わたしは、思い、ことば、行い、怠りによって多くの罪を犯しました。
これはわたしの過ち、わたしの過ち、わたしの大いなる過ち。
ゆえに終生おとめである聖マリア、すべての使徒と聖人、そして兄弟の皆さん、
わたしのために、わたしたちの神である主に祈ってください。[1]

この回心のことばの「これはわたしの過ち……」の前に、「自分の胸を打ちながら」という典礼注記（rubric）が挿入されています。かつてのミサでは「胸を3回打ちながら」と回数も指示されていました。この胸を打つ動作にはどのような意味があるのでしょうか。

聖書に見られる胸を打つ動作

聖書には、悲しみや罪を悔いることを表すために胸を打つ動作が記されています。ナホム書では、ニネベの陥落に際して、「王妃は引き出され、衣をはがれて連れ去られた。侍女たちは鳩のような声で嘆き、胸を打つ」（ナホム書2·8）とあり、王妃に仕える侍女たちの嘆きや悲しみの表現となっています。ルカ福音書のファリサイ派の人と徴税人のたとえでは、徴税人は胸を打ちながら、「神様、罪人のわたしを憐れんでください」と言い

図：胸を打つ動作

ました（ルカ 18·13）。さらに、イエスの処刑に立ち会った人々は、「胸を打ちながら帰って行った」（同 23·48）とも記されています。

ミサ中の胸を打つ動作へ[2]

イエスが、「人から出て来るものこそ、人を汚す。中から、つまり人間の心から、悪い思いが出て来るからである」（マルコ 7·20–21）と言うように、キリスト者の間では、自分の心に悪い思いや罪が宿り、それを悔いる回心の表現として、胸を打つ動作が定着していったようです。

アウグスティヌス（354 ～ 430 年）は説教の中で、ラテン語の “Confiteor”（わたしは告白します）ということばを聞くとすぐに罪と結びつけて胸を打つ信者に対して、このことばは罪びとだけが使うのではなく、神を賛美する人も使うことばであると説明しています[3]。また、アウグスティヌスとともに古代教会を代表する教父ヒエロニムス（347 ～ 419/420 年）は、上記のルカ福音書の徴税人が胸を打ったことと関連づけて、胸を「よこしまな思いの宝庫」[4] と述べています。このヒエロニムスを題材にした美術作品には、岩山で自らの胸を石で打って回心する苦行者の姿として描くものがあります[5]。神学者 R. グァルディーニ（1885 ～ 1968 年）はヒエロニムスのこの姿をふまえて、「指先で服の胸のあたりにふれるだけでなく、こぶしで胸を打つべきである。……なまやさしい所作ではなく、打つのである。われわれの内なる世界の門を、打って開けるのだ」[6] と述べています。

罪の告白や回心を表す胸を打つ動作は、やがてミサの開祭の回心の祈りに導入されました。回心の祈りでは、初期の時代のミサでは深く頭を下げたりひざまずいたりする姿勢でしたが、12 世紀ごろからは上記のように「わたしの過ち」のことばが繰り返されるところで 3 回胸を打つようになりました。「打ち砕かれ悔いる心を、神よ、あなたは侮られません」（詩編

51･19）と詩編は歌います。この動作は自らの心の罪を打ち砕き、神に心からゆるしを願うことを表しています。

さらに、この動作はミサの他の箇所にも導入されました。「カノン・ロマーヌス（Canon Romanus）」と呼ばれてきた現在の第一奉献文（ユーカリストの祈り）で取り次ぎを求める祈り「あなたの豊かなあわれみに信頼する罪深いわたしたちを……」を唱えるとき、平和の賛歌（Agnus Dei）が歌われるとき、聖体拝領前に「主よ、わたしはあなたをお迎えするにふさわしい者ではありません……」を3回繰り返して唱えるときです。いずれも自らの罪を悔いたり謙遜さを表したりする式文に胸を打つ動作が伴います。これらは第二バチカン公会議（1962～65年）後のミサの改訂前まで行われていました。現在のミサでは、開祭の回心の祈りと第一奉献文のときにのみ胸を打つ動作が残っています。

日本のミサでの適応

日本語では、「胸を痛める」ということばで心を悩ましたり大いに心配したりすることを表します。けれども、自分の罪を認めたり悔いたりするときに胸を打つ習慣はあまりないと思います。むしろこの動作は、スポーツ選手がユニフォームの国旗やチームのマークを拳でたたくときに見かけるのではないでしょうか。これは試合に臨む際の決意や誇り、観客などへの感謝を表す動作でしょう。

このような状況をふまえて、日本のカトリック教会ではローマ教皇庁の許可のもと、胸を打つかわりに、手を合わせて頭を下げて罪を告白することばを唱えて、悔い改めの心を表すよう適応しています。

1　*Missale Romanum* (Editio typica tertia), Città del Vaticano 2002, Ordo missae n. 4 参照。
2　以下は、NDSW, p. 511 を参照。
3　アウグスティヌス「説教（*Sermo*）」67･1（PL 38: 433）参照。
4　ヒエロニムス『エゼキエル書注解（*Commentarii in Hiezechielem*）』6･18（PL 25: 17）（筆者訳）。
5　エル・グレコ、S. ボッティチェッリ、J. ベッリーニ、B. ルイーニらの作品がある。
6　R. グァルディーニ『聖いしるし――見えぬ恵みの見える形と象徴』（永野藤夫訳、天使館、2001年）17頁。

行　列

日常生活で行列といえば、「開店前から行列ができている」というように、複数の人が列をつくって順番を待っている状態を指し、「静的」なイメージが強いと思います。一方、礼拝における行列は、「同じ信仰を持った複数の人々が、特定の宗教的な目的を持って、同じ方向に向かって共同的に歩んで行く行為」[1]とされます。単に自分の番が来るのを待っているのではなく、より「動的」「積極的」な、身体を使った行為と考えられています。

聖書における行列（行進）

旧約には、宗教的な行為としての行列あるいは行進が記されています。たとえば、詩編 68 は主の凱旋行列の歌で、聖所に向かう民の行列についてこう歌っています。

> 神よ、あなたの行進が見える。
> わたしの神、わたしの王は聖所に行進される。
> 歌い手を先頭に、続いて楽を奏する者
> おとめらの中には太鼓を打つ者。
> 聖歌隊によって神をたたえよ
> イスラエルの源からの主を。　　（25–27 節）

旧約ではほかにも、ダビデの指示で契約の箱をエルサレムに移す行列行進（サムエル記下 6 章）やエルサレムの城壁の奉献のときの行列（ネヘミヤ記 12·27 以下）など、歌や楽器による音楽や踊りなどが加わった大規模な祭礼行列として行われたものが記されています。

このような祭礼行列は、古くからエジプトやオリエントにも見られ、王の即位の際の行列、王家の葬儀に伴う行列、戦勝を祝う凱旋行列などが行われていたようです。

キリスト教典礼における行列の発展

新約時代の初期のキリスト者にとっても、旧約時代と同様に、エルサレムの神殿は行列や巡礼が目指す場所として重要であったことでしょう。しかし、ユダヤ戦争による神殿の崩壊（70年）やその後のキリスト教への迫害を受けて、信仰のいわば外的な表現である行列を公に行うことは難しくなりました。そのため、キリスト教の行列の発展は、迫害が終わる4世紀初めまで待つことになります

ローマ帝国によるキリスト教公認後は、比較的早くから独自の行列が実践されていたようです。たとえば、4世紀末のエルサレムの典礼を伝えるエゲリアは、いくつかの行列を記録しています。聖週間（受難週）の初日（受難の主日、枝の主日）にオリーブ山からエルサレム市内に向かって行われる「枝の行列」はその代表的なものです[2]。エゲリアはまた、公現祭（1月6日）の前晩、人々がイエス降誕の地ベツレヘムの教会堂に集まり、聖書朗読を中心とする徹夜の祭儀に参加した後、深夜にベツレヘムからエルサレムに向かって行列して移動し、日の出前ごろに到着したことも伝えています[3]。

ローマでは、5～8世紀に指定聖堂（スタチオ statio）の典礼が発展しました。典礼上の重要な日に、教皇はローマの司教として、あらかじめ定められた聖堂に行列をつくって向かい、ミサを司式する習慣がありました。この行列は後に、ローマ典礼のミサの入堂行列になりました。

このような行列の際には、通常、詩編の交唱や会衆が唱えやすいような繰り返し句を伴う連願（リタニー）が歌われ、後のミサの入祭唱（Introitus）となっていきました。また、受難の主日の枝の行列用の《Gloria laus》（『讃美歌21』308番）、聖香油ミサの油を運ぶ行列用の《O Redemptor》、聖金曜日の十字架の礼拝用の《Pange, lingua》（『讃美歌21』292番、『典礼聖歌』336番）など、現在も教派を超えて歌われる行列用賛歌も作曲されました。

中世以降は、ミサのような公式の典礼から独立した、信心的側面の強い

行列も盛んになりました。キリストの聖体の祭日（1264年制定）に行われる聖体行列、マリアや聖人の祝日に像や絵画を掲げて市中を練り歩く行列などがあります。こうした行列はやがて土着化し、その地方独自の祭りとしての性格を帯びることになり、現在まで続いているものも少なくありません。

典礼における多様な行列[4]

このような背景のもと、教会の典礼にはさまざまな行列が採用されています。いくつかの例を紹介しましょう。

① 通過儀礼としての行列

通過儀礼は、人生のある段階から別の段階へと移る節目に行われる儀礼です。行列の中には、こうした節目に行われる典礼と結びついたものがあります。古代の教会では、洗礼は主聖堂とは別棟として建てられた洗礼堂で授与される習慣がありました。受洗者は、この洗礼堂から信者が待つ主聖堂へと行列して進み、キリスト者として新しく生まれた者が共同体の一員となることが示されます。

結婚式の入祭では、司祭、奉仕者、新郎・新婦、証人、両親など（場合によっては新郎・新婦のみ）による祭壇までの行列が行われ、人生の新たなステージを迎えたことが示されます。葬儀においては、自宅から教会堂へ、教会堂から墓地へという葬送行列が行われました。日本でも死者を墓地もしくは火葬場まで送る葬列を「野辺（のべ）送り」と呼び、葬儀の重要な場面と考えられてきました。同様に教会で行う葬儀では、葬送行列を、死者を地上の共同体から神のみ手にゆだねるしるしとして用い、故人がキリストの過越の神秘にあずかることも表現されています。

② 救いの出来事の想起としての行列

行列に参加する人々が、神とキリストによる救いの出来事を想起することを目的とした行列があります。こうした行列の多くは、典礼暦年と結びついた典礼の中で行われます。

上述した「枝の行列」は、キリストのエルサレム入城を記念する行列です。この行列に参加する人々は、キリストを歓喜のうちに迎えた人々とキリストを十字架刑に処することを求めた人々の両面を想起することになります。聖木曜日の晩に行われる主の晩餐の夕べのミサの結びでは、聖別されたパン（聖体）を別の礼拝堂に安置する行列が行われます。この行列は司祭と奉仕者によって行われ、その間、会衆は賛歌《Pange lingua》（『讃美歌21』76番）を歌う習慣があります。最後の晩餐の後、ゲツセマネで捕らえられ、弟子たちのもとを離れて受難の道を歩み始めるキリストの姿を想起させる行列です。

翌聖金曜日の主の受難の典礼では十字架の礼拝が行われ、一同は祭壇の前に置かれた十字架を礼拝するために進み出ます。イエスの受難と十字架上での死を記念するとともに、この間に歌われる十字架賛歌《Crucem tuam》（『典礼聖歌』332）や《Crux fidelis》（『典礼聖歌』336）を通して、死に対する十字架の勝利に心を向ける行列です[5]。そして、復活徹夜祭の冒頭の光の祭儀では、復活のろうそくが先導する行列が行われ、死に打ち勝って復活したキリストの勝利の凱旋を想い起こします[6]。

③ ミサ中の行列

通常のミサでは、入堂行列、奉納行列、拝領行列、退堂行列が行われます。入堂行列は、ミサに集まった人々をその日のミサに導くための行列です。行列用十字架が先導し、キリストがわたしたちの先を歩んでくださることが示されます。ミサの特徴は、行列に加わる司式者や奉仕者の祭服の色、会衆が歌う入祭の歌の内容などによって表されます。奉納行列は、信者の代表がパンとぶどう酒と水を供えものとして祭壇まで運ぶ行列です。会衆は奉納の歌を歌い、供えものを運ぶ信者に心を合わせ、祭壇に供えられるパンとぶどう酒とともに自分自身をささげる心を示します。

図：ミサの入堂行列

拝領行列は、聖体を授与する司祭または奉仕者に向かって進む行列です。

これは単に聖体を受ける順番を待つための行列ではなく、聖別されたパンをキリストのからだと信じる者による信仰告白の行列です。同時に、行列に伴う歌を通して、キリストのからだによって結ばれる者の一致が表されています。結びの退堂行列は簡略にされる場合もありますが、行列する場合は入堂のときと同じように列を組んで、キリストとともに世に派遣されていく教会を示します。

典礼における行列の意義

典礼における行列は、個人としての、また共同体としての信仰告白のしるしといえるでしょう。ミサで聖体を受けるとき、「キリストの御（おん）からだ」と言って聖体を示す司祭や奉仕者に対して、拝領者は「アーメン」と答えて信仰を表明します。こうした明確な表現を用いない場合でも、目的に向かって行列歩行をすること自体が信仰を表明する行為となります。

行列は、典礼の共同体的特徴を表すしるしでもあります。聖体拝領や聖金曜日の十字架の礼拝のときのように、一人ずつ進み出ていく場合であっても、それは個人的な行為ではなく、信仰をともにする神の民の一員であることを再認識する行為でもあります。

また、行列は現代の教会が大切にしている、典礼への行動的参加のしるしです。席に座って聖書のことばに耳を傾ける参加も大切です。同時に、行列を通して、今ここで記念する救いの出来事の中に「身を置く」ことにより、その出来事を新たな側面から追体験することにもなるのです。

1　『キリスト教礼拝・礼拝学事典』87 頁。

2　エゲリア『巡礼記（*Itinerarium Egeriae*）』31･2–3（SChr 296: 274–275）参照。枝の行列については本書 123 頁以下を参照。

3　エゲリア『巡礼記』25･6–12（SChr 296: 248–255）参照。

4　以下は、NWDLW, pp. 389–390、石井祥裕「行列――旅する神の民のしるし　具体例の紹介とともにその霊性を探る」『礼拝と音楽』169 号（日本キリスト教団出版局、2016 年・春）16–20 頁を参照。

5　十字架については本書 194 頁以下を参照。

6　復活のろうそくについては本書 134 頁以下を参照。

第2章　諸秘跡の典礼

パンを裂く

聖書におけるパン裂き

ユダヤ人の食事では、パン裂きは食事を始めるときに行われる通常の行為でした。家父長は平たいパンを取り、祝福の祈りを唱えてからそれを裂いて分け与えました[1]。

パウロは、最後の晩餐について、「主イエスは、渡される夜、パンを取り、感謝の祈りをささげてそれを裂き、『これはあなたがたのためのわたしの体である。わたしの記念としてこのように行いなさい』と言われました」（Ⅰコリント 11·23–24）と記しています。また、ルカ福音書のエマオに向かう弟子と復活したイエスが夕食をともにする箇所では、「一緒に食事の席に着いたとき、イエスはパンを取り、賛美の祈りを唱え、パンを裂いてお渡しになった」（ルカ 24·30）と記されています。ただし、これらの箇所のパン裂きは特別な祭儀的な行為を伝えるものではありません[2]。

これらの箇所では、イエスがパンを「取り」、「感謝（賛美）の祈りを唱え」、「裂いた」という行為が描かれています。この一連の行為は、ぶどう酒の杯に対する行為とともに、「わたしの記念としてこのように行いなさい」ということばに従って初代教会に受け継がれました[3]（使徒 2·42, 46）。

パン裂きの祭儀的意味

やがて「パン裂き」は「主の晩餐」（Ⅰコリント 11·20）とともに、初期のキリスト者にとって祭儀的食事を示すようになります。使徒言行録は、「週の初めの日、わたしたちがパンを裂くために集まっていると」（使徒 20·7）と述べて、トロアスでの主の日の集まりについて伝えています。また、使徒時代直後の使徒教父たちの文書も、パン裂きのための集まりに言及しています[4]。その後、キリスト者の間では「感謝をささげること」を意味する「エウカリスティア（eucharistia）」が祭儀の名称として一般的になっていきます[5]。

パン裂きは、初めは食卓を囲む人々にパンを分け与えるための行為でしたが、しだいにキリスト教独自の祭儀的意味が与えられます。パウロはこう言います。「わたしたちが裂くパンは、キリストの体にあずかることではないか。パンは一つだから、わたしたちは大勢でも一つの体です。皆が一つのパンを分けて食べるからです」（Iコリント10・16–17）。一つのパンを裂いて分け合うことは、キリスト者にとってキリストのいのちにあずかること、すなわちキリストとの一致の体験です。同時に、同じパンを分け合う仲間が一つのからだ、すなわち教会となるという一致の体験でもあります。こうして、裂かれたパンを分け合うエウカリスティア（聖餐）そのものが一致の秘跡（サクラメント）として理解されるのです。

諸教派の式文におけるパン裂き

現在のエウカリスティア祭儀（ミサ、聖餐式）ではパン裂きがどのように行われているのか、いくつかの教派の式文を見てみましょう。

カトリック教会のミサでは、主の祈りと平和のあいさつの後に司祭がパンを裂きます。この間に会衆は、「平和の賛歌（Agnus Dei）」を歌います。また、司祭は裂いたパン（ホスティア）の小片をぶどう酒に入れ、「いま、ここに一つとなる主イエス・キリストの御からだと御血によって、わたしたちが永遠のいのちに導かれますように」と祈ります[6]。

日本聖公会の聖餐式では、主の祈りの後で司祭がパンを裂き、その後に「世の罪を除く神の小羊よ（Agnus Dei）」が続きます。パンが裂かれるとき、司祭と会衆は第一コリント書10章16–17節に基づく次の式文を唱えます。

司祭「わたしたちがパンを裂くとき」
会衆「キリストの体にあずかります」
司祭「パンが一つであるから」
会衆「わたしたちは多くいても、一つの体です」[7]

ルーテル教会の聖餐式では、主の祈りと平和のあいさつに続けて「アグ

ヌス デイ（神の小羊）」を歌うときに配餐する場合と、配餐のときにパンを裂く場合があります[8]。

日本基督教団の「主日礼拝式A」によると、主の祈りの後にパンを裂き、続いて「神の小羊」を唱えます。パンを裂くとき、牧師と会衆は、日本聖公会と同じようにコリント書のことばを使って次のように唱えます。

牧師「パンは一つだから、わたしたちは大勢でも一つの体です。」
会衆「皆が一つのパンを分けて食べるからです。」
（牧師は会衆に見えるようにパンを取ってそれを割き、次のように言う）
牧師「わたしたちが割くパンは、キリストの体にあずかることではないか。」
会衆「アーメン。」[9]

このようにいずれの教派も、主の祈りと「神の小羊（Agnus Dei）」と関連づけてパン裂きを行っています。主の祈りを通して日々の糧を願い、罪のゆるしを祈って、一同は拝領（陪餐）に心を向けます。また、「神の小羊（Agnus Dei）」は、「過越の小羊」（Ｉコリント5·7）、「屠られた小羊」（黙示録5·12、13·8）などいけにえの小羊を思い起こさせます。こうした流れの中で行われるパン裂きは、あがないのために自らのいのちをささげたキリストとのつながりを意識させるシンボルともいえるでしょう。

会衆から見えるようにパンを裂く

また、日本基督教団「主日礼拝式A」にある、「会衆に見えるようにパンを取ってそれを割き」という指示はとても重要です。パンを裂くことの意味をふさわしく伝えるためにも、慌てず、丁寧に、しかも会衆から見えるように行わなければなりません。カトリック教会のミサの規則では、パン裂きは「ふさわしい尊敬をもって行われるが、不必要に長引かせたり、過度に重要性を強調したりするべきではない」[10]と説明されています。さらに、「一つのパンにおける全員の一致のしるし、ならびに一つのパンが兄弟姉妹の間で分けられることによる愛のしるしとしての効果と重要性を、

図１：パンを裂く（一般的なパン）　図２：パンを裂く（ホスティア）

パンを裂くという行為によって、はっきりと表現することができる」[11]とも述べられています。

会衆の拝領（陪餐）のためにあらかじめ小さいパン（ホスティア）を用意することがありますが、会衆があまり大勢でなければ、大きめのパンを会衆に見えるように裂いて配ることは、一つのパンを分け合うことによる一致のシンボルとして重要な意味をもっています。

1　『ギリシア語 新約聖書釈義事典 II』352–353 頁参照。
2　同 353 頁参照。
3　『新カトリック大事典 IV』147 頁参照。
4　『ディダケー（十二使徒の教え *Didachē*）』14·1（荒井献編『使徒教父文書』講談社文芸文庫、1998 年、38 頁）、アンティオキアのイグナティオス『エフェソの信徒への手紙（*Epistula ad Ephesios*）』20·2（同書、168 頁）など参照。
5　『ディダケー』9·5（荒井献編、前掲書、34 頁）、アンティオキアのイグナティオス『フィラデルフィアの信徒への手紙（*Epistula ad Philadelphenses*）』4·1（同書 194 頁）、ユスティノス『第一弁明（*Apologia I*）』66·1（『キリスト教教父著作集 1　ユスティノス』柴田有訳、教文館、2002 年、84 頁）など参照。
6　日本カトリック典礼委員会編『ミサの式次第』（カトリック中央協議会、2022 年）347 頁参照。ぶどう酒に加えるホスティアについては次項を参照。
7　日本聖公会『日本聖公会 祈祷書』（日本聖公会管区事務所、2013 年）180–181 頁参照。
8　日本福音ルーテル教会・日本ルーテル教団共同式文委員会監修『ルーテル教会 式文（礼拝と諸式）』（日本福音ルーテル教会、2001 年）20–21 頁参照。

9　日本基督教団信仰職制委員会編『日本基督教団 式文（試用版）　主日礼拝式・結婚式・葬儀諸式』（日本キリスト教団出版局、2006 年）46–47 頁参照。

10　「ローマ・ミサ典礼書の総則」83。

11　同 321。

ぶどう酒に加える水とホスティア

カトリック教会のミサの後半の感謝の典礼の中で、司祭はぶどう酒に少量の水を加え、またホスティアを裂いてその小片を聖別されたぶどう酒に入れます。どちらも、あまり目立たない典礼行為なので、ミサに慣れていない人は気づかないかもしれません。東方正教会や聖公会の聖餐式にも残るこの二つの行為には、どのような意味があるのでしょうか。

ぶどう酒に加える少量の水

ミサでは奉納のとき、通常、パンとぶどう酒と水が祭壇に運ばれます。司祭はこれらを受け取り、まずパンを供える祈りを唱えて祭壇の上に置きます。次に、カリス（杯）にぶどう酒を入れ、その中に少量（数滴）の水を加えてから、カリスを供える祈りを唱えて祭壇の上に置きます。

図：ぶどう酒に水とホスティアを加える

古代ギリシアやパレスチナなどでは、濃いぶどう酒に水を加えて飲む習慣があり、イエスの時代にも同様に行っていたようです。2 世紀半ばのユスティノス（100 頃～ 165 年頃）は、日曜日のキリスト者の集会でパンとぶどう酒と水が運ばれたことを伝えており[1]、当時の習慣がミサの原型となる式に受け継がれたものと思われます。

3世紀のキュプリアヌス（200/210～258年）は、その書簡の中でこう言っています。

> こうして、主の杯を聖別するとき、ぶどう酒だけをささげることができないように、水だけをささげることはできません。ぶどう酒だけをささげるなら、それはわたしたちなしのキリストの血となり始めるからです。しかし、水だけをささげるなら、それはキリストなしの民となり始めます。ところが、両者が混ぜられ、密接な結合によって互いに結ばれるなら、霊的な天の秘跡が完成するのです。[2]

この時代にはすでに、ぶどう酒に水を加えることに神学的な解釈が加えられていたことが分かります。

やがて8世紀ごろになるとこの行為はミサの式次第を構成する要素として発展し[3]、ぶどう酒と水はキリストの神性と人性を示すという説明や、槍で貫かれたイエスの脇腹から流れた血と水（ヨハネ19·34）のかたどりであるという説明も生まれました。

現在のカトリック教会の「ミサの式次第」では、司祭はぶどう酒に少量の水を加えるとき、次の祈りを小声で唱えることになっています。

> この水とぶどう酒の神秘によってわたしたちが、人となられたかたの神性にあずかることができますように。[4]

ぶどう酒に水が加えられると、もはや両者を分けることができないように、わたしたちもキリストと分かちがたく結ばれることが願われています。ただし、この祈りは司祭が静かに唱える個人的な祈りになっているので、会衆にしるしとしての意味が伝わりにくいのは残念です。

聖別されたぶどう酒に加えるホスティアの小片[5]

同じように、その意味が分かりにくいのが、聖別されたぶどう酒にホスティアの小片を加える行為です。英語では“commixture”あるいは“commingling”と呼んでいます[6]。これは、カトリック教会のミサでは、平和のあいさつに続いて司祭がホスティアを裂く行為の中で行われ、ホスティアが裂かれている間、会衆は「平和の賛歌（Agnus Dei）」を歌います[7]。

この行為には二つの起源があるようです。一つは5世紀のローマでの習慣です。司祭は日曜日に自分の教会でミサを司式するため、教皇司式のミサには参加できません。そのため、奉仕者が教皇司式のミサで聖別されたホスティアをローマの別の教会に運び、司祭は聖体拝領の前にそのホスティアをぶどう酒に入れて拝領しました。こうして教皇のミサとの一致を象徴的に表したのです。このホスティアはラテン語で「発酵」「酵母」を意味する「フェルメントゥム（Fermentum）」と呼ばれました。わずかなパン種によって練り粉が膨れるという聖書のことばに基づいて（マタイ13･33、Ⅰコリント5･6、ガラテヤ5･9）、教皇ミサから分けられたホスティアによって、教会がキリストのからだとして成長していくことを表しているのでしょう。

第二の起源も、この「フェルメントゥム」と似ています。通常、ミサが終わると、少量のホスティアが、臨終の聖体拝領のために保存されました。このホスティアは、ラテン語で「聖なるもの」を意味する「サンクタ（Sancta）」と呼ばれました。教皇司式のミサでは、この「サンクタ」と呼ばれるホスティアを、主の祈りの後にぶどう酒に入れる習慣ができました。こうして前回のミサとのつながりと、キリストのいけにえの一体性が表されたといわれます。

このような習慣はローマで受け継がれてこそ意味があるものですが、そのままミサの中に残りました。これは後に、キリストの復活を象徴する行為と考えられるようになりました。最後の晩餐で、キリストはパンとぶどう酒を別々に弟子たちに渡しました。すなわち自らのからだと血を別々に与えたことをイエスの死の象徴と理解し、聖別されたぶどう酒（キリストの血）にホスティア（キリストのからだ）が合わされて一つになることにより、キリストが復活して今も生きていることを表すと説明されるようになりました。

ぶどう酒にホスティアの小片を入れるときの祈りはこの解釈に基づいており、司祭は次のように唱えます。

> いま、ここに一つとなる主イエス・キリストの御からだと御血によって、わたしたちが永遠のいのちに導かれますように。[8]

以前は「キリストのからだと血の混合と聖別によって」という表現がありましたが、「聖別」が誤解を招くということから省かれて上記のような祈りになりました。

本項で紹介した二つの典礼行為は、意味や解釈が「後付け」されたものです。そのためそのまま受け継がれることには賛否両論あります。ミサにはこうした歴史の産物のような痕跡がいくつか残っています。

1　ユスティノス『第一弁明（*Apologia I*）』65·3、67·5（『キリスト教教父著作集 1　ユスティノス』柴田有訳、教文館、2002 年、84、85 頁）参照。
2　キュプリアヌス『書簡（*Epistula*）』63·13（PL 4: 384）（筆者訳）。
3　『オルド・ロマーヌス I（*Ordo Romanus I*）』80（M. Andrieu, *Les Ordines Romani du haut Moyen Âge II*, Louvain 1960, p. 96）参照。
4　「ミサの式次第」24（日本カトリック典礼委員会編『ミサの式次第』カトリック中央協議会、2023 年、169 頁）。
5　R. Cabié, *The Eucharist* (*The Church at Prayer*, Vol. 2), Collegeville 1986, pp. 111–113 参照。
6　原意は「混合」「混和」「混入」など。
7　パンを裂くことについては本書 48 頁以下を参照。
8　「ミサの式次第」129（日本カトリック典礼委員会編、前掲書、347 頁）。

平和のあいさつ

接吻による崇敬とあいさつ[1]

人や物に対する接吻は、古くからさまざまな文化の中で、崇敬や親しい者同士のあいさつなどに用いられてきました。聖書においても、王となったサウルに口づけをするサムエル（サムエル記上 10·1）、父イサクに接吻するヤコブ（創世記 27·26–27）、イエスの足に接吻する罪深い女（ルカ 7·45）など、接吻に関する記述があります。パウロはその手紙の結びで、「聖なる口づけによって互いに挨拶（あいさつ）を交わしなさい」と勧めています（ローマ 16·16、Ｉコリント 16·20、Ｉテサロニケ 5·26 など。Ｉペトロ 5·14 も同様）。パウロがキリスト者に勧める接吻によるあいさつには、信仰を同じくする者同士の結びつきを確認する意味も込められていたのではないでしょうか。

礼拝の一要素としての接吻[2]

やがて、キリスト者の礼拝集会が整う時代になると、祭儀的な意味を込めた接吻が行われるようになります。こうした接吻の最古の記録は、2 世紀半ばのユスティノス（100 頃～ 165 年頃）が伝えています。受洗者は受洗後に信者とともに祈ってから、「互いに接吻によってあいさつを交わす」と記されています[3]。この背景には、祭壇に供え物をささげる前にまず兄弟と仲直りをするよう勧めるイエスのことばがあったと思われます（マタイ 5·23–24）。ほかに、3 ～ 4 世紀の『使徒伝承』には、司教に聖別された者への接吻、受洗者への塗油に続く司教による接吻、受洗者と他の信者との平和の接吻（上記のユスティノスの記録と同様）などの記録があります[4]。また、同じ『使徒伝承』は、求道者同士はまだ接吻によるあいさつをしないことも伝えています。理由は、「その口づけがまだ聖なるものでないから」とされています。そして信者は、男性同士、女性同士で接吻によるあいさつを交わしました[5]。

ミサにおける平和の接吻

5世紀になると、ミサ中の平和の接吻に変化が見られます。教皇インノチェンチウス1世（在位401～417年）は、平和の接吻によって、「秘跡においてなされ、教会で祝われたすべてのことに人々が同意したことが示され、結びの平和のしるしによってすべてが完成することが明らかにされるために」、平和の接吻を供え物の聖別の祈りの後に行うよう勧めています[6]。6世紀末の教皇グレゴリウス1世（在位590～604年）の時代には、感謝聖別の祈りである奉献文の直後に「主の祈り」を唱えることになったため、平和の接吻は「主の祈り」の後、すなわちパンを裂く前に行われることとなりました。

7～8世紀の定式書『オルド・ロマーヌス』では、助祭長がまず司教と平和の接吻を交わし、続いて他の聖職者に、そして会衆にも順に平和の接吻が行われました[7]。13世紀のイングランドの教会では、キリスト像や聖人像が描かれたり彫られたりした「オスクラトリウム（osculatorium）」（「接吻」を意味する“osculum”に由来）と呼ばれる木製や象牙製の板が司式者から会衆に回され、信者がそれに接吻する習慣が生まれ、各地に広まりました。これらはいずれも、キリストの平和が司式者から会衆に伝えられていくという考えに基づいています。

しかし、1474年の『ローマ・ミサ典礼書』以降は、会衆が接吻をもって平和のあいさつを交わすことに関する指示はなくなり、司祭が唱える「主の平和がいつも皆さんとともにありますように」に、会衆が「またあなたの霊とともに」と答えるだけになりました。

現在のミサの平和のあいさつ

現在のカトリック教会のミサでは、司祭と会衆の対話によるあいさつに続いて、地方教会が定めた方法（礼、接吻、握手、抱擁など）で平和のあいさつが交わされます。日本では、手を合わせて「主の平和」と言いながら互いに一礼する方法が一般的ですが[8]、司式者の判断で他の方法が用いられることもあります。他の諸教派でもほぼ同様の方法で行われているので

図：平和のあいさつを交わす

はないでしょうか。

ミサの流れの中では、平和のあいさつはパンを裂く直前に置かれています。「主の祈り」に続く祈りで、「世界に平和をお与えください」と全世界の平和を願い、続いて分裂した教会の平和と一致のために「教会に平和と一致をお与えください」と願います。そして最後に、その場に集まった共同体の一員として、一同は互いに「主の平和」と唱えて平和のあいさつを交わします。現代世界の平和 → 諸教派間の平和と一致 → その場に集まった人々相互の平和、という流れで、平和を祈る対象を限定していき、その後にパンを裂いてキリストのいのちにあずかり、同じキリストのからだに結ばれた者の一致と平和を味わいます。

他の教派の式文を見ると、『ルーテル教会式文』（2001年）では、「主の祈り」の後に平和のあいさつが行われ、「アグヌス デイ（神の小羊）」に続きます[9]。日本聖公会の『祈祷書』（2013年）では、マタイ福音書5章と関連づけて、他の聖公会と同様に、パンとぶどう酒の準備の直前に平和のあいさつが行われます[10]。また、『日本基督教団 式文（試用版）』（2006年）の「主日礼拝式A」では、聖餐の部に入る前に平和のあいさつを行いますが、聖餐が行われる場合は「主の祈り」の後や陪餐後に移すこともできるようになっています[11]。

ローマ教皇庁は2014年に、全世界のカトリック教会に宛てて、平和のあいさつの実践について通達を送りました。そこでは、司祭が祭壇を離れて会衆席に出向いたり信徒が会衆席の中を歩き回ったりして平和のあいさつを交わすことは控えるよう指示があり、平和のあいさつに時間をかけすぎてミサの祭儀を中断しないよう注意を促しています。

「あなたがたに平和があるように」

復活の日の夕方、不安の中で家に閉じこもっていた弟子たちの中に立ったイエスが発した最初のことばは、「あなたがたに平和があるように」でした（ヨハネ20·19）。教会で行われる平和のあいさつは、親睦のためのあいさつだけでなく、復活のキリストを通して与えられた真の平和を共有する者としてのあいさつです。その場に集った人々とだけでなく、日々出会う多くの人とキリストの平和を分かち合い、「平和を実現する者」（マタイ5·9）となるように、との願いを込めたあいさつとして受け止めることができるでしょう。

1 接吻については本書36頁以下を参照。
2 以下は、NWDLW, pp. 267–268を参照。
3 ユスティノス『第一弁明（*Apologia I*）』65·2（SChr 507: 302）（筆者訳）。
4 『使徒伝承（*Traditio apostolica*）』4、21（B. ボット『聖ヒッポリュトスの使徒伝承』土屋吉正訳、オリエンス宗教研究所、1987年、11、55頁）参照。
5 同18（B. ボット、前掲書、41頁）参照。
6 インノチェンチウス1世「書簡（*Epistula*）」25（PL 20: 553）（筆者訳）。
7 『オルド・ロマーヌスⅠ（*Ordo Romanus I*）』96（M. Andrieu, *Les Ordines Romani du haut Moyen Âge II*, Louvain 1960, p. 98）参照。
8 「ローマ・ミサ典礼書の総則」82参照。
9 日本福音ルーテル教会・日本ルーテル教団共同式文委員会監修『ルーテル教会 式文（礼拝と諸式）』（日本福音ルーテル教会、2001年）20–21頁参照。
10 日本聖公会『日本聖公会 祈祷書』（日本聖公会管区事務所、2013年）171頁、『改訂増補 日本聖公会祈祷書解説』（日本聖公会管区事務所、1994年）29頁参照。
11 日本基督教団信仰職制委員会編『日本基督教団 式文（試用版） 主日礼拝式・結婚式・葬儀諸式』（日本キリスト教団出版局、2006年）33–34頁参照。

浸礼・滴礼

浸礼――本来の洗礼の授け方

福音書にあるように、イエスはヨルダン川で洗礼者ヨハネから洗礼を受けました（マルコ1･9–11など）。多くのモザイク画や絵画が、イエスがヨルダン川の中に立って洗礼を受けている様子を描いています。通常「洗礼」と訳される語はギリシア語の「バプティゾー（baptizō）」に由来しています。「水に浸す」「水に浸ける」というこの語の原意が示すように、全身を水に浸す「浸礼（immersion）」が洗礼の本来の授け方であったのでしょう。

2世紀初めの記録である『ディダケー（十二使徒の教え）』は、流れる水による洗礼を勧めていますが、流れる水がなければその他の水を用いるよう述べています。また、温かい水を用いることや頭に3度水を注ぐ方法の可能性も記しています[1]。キリスト教古代においては、全身を水に浸す浸礼が中心でした。『使徒伝承』、アンブロシウス（337/39～397年）の『秘跡についての講話』、エルサレムのキュリロス（315頃～387年）の『秘義教話』など、3～4世紀の教父たちの講話や文章からもそのことが分かります。また、全身を水に浸すための洗礼槽もさまざまな形態のものが作られました[2]。

浸礼から滴礼へ

キリスト教古代末期から幼児洗礼が増えると、大きな洗礼槽ではなく幼児の体が入る程度の大きさの洗礼盤が主流になります。東方教会では、幼児の全身を水に浸す方法が保たれましたが、西方教会では幼児の頭に水を3度注ぐ「滴礼（infusion, pouring）」[3]が広まり、大人が洗礼を受けるときにもこの方法で行われることが多くなりました。

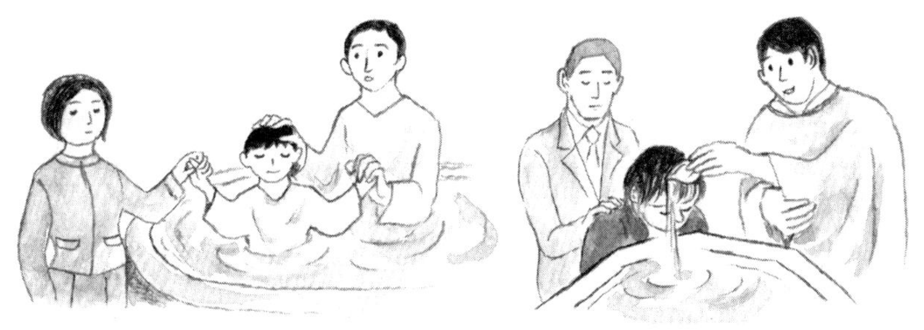

図１：浸礼　　図２：滴礼

水に沈められて立ち上がる――死と再生のしるし

受洗者の体を水の中に浸すことは、パウロが、「わたしたちは洗礼によってキリストと共に葬られ、その死にあずかるものとなりました。それは、キリストが御父の栄光によって死者の中から復活させられたように、わたしたちも新しい命に生きるためなのです」（ローマ 6･4）と言うように、キリストの死と復活にあずかることを象徴的に表す行為と考えられていました。エルサレムの司教キュリロスは『秘義教話』の中で、復活祭の晩に行われた洗礼について次のように説明しています。

> あなたがたはキリストが十字架からここの間近にある墓へと運ばれたように、神的洗礼の聖なる水槽へと導かれました。そして一人ひとりが、父の、子の、そして聖霊の名を信ずるかと尋ねられました。そしてこの救いの告白をしては三回水に浸かり、また水から上がりましたが、それでキリストの三日間の埋葬を暗に象徴していたのです。[4]

キリストが死んで葬られ、3 日目に復活したことを、受洗者は水に沈められて立ち上がる行為によって追体験し、古い自分に死んで新しい自分として生きることを自覚することができたと思われます。

水の中を通り過ぎる――死からいのちへの過越のしるし

キリストの過越を象徴的に表すために、水の中に沈められて立ち上がることに加えて、水の中を通り過ぎる方法もありました。十字架形や8角形の洗礼槽の中に左右対称的に階段を設け、受洗者は一方から階段を下りて水の中に入り、洗礼槽の中央で浸礼を受け、そして反対側の階段を上って水の中から出てきます。この水の中の通過は、紅海を渡って約束の地に導かれたイスラエルの民の救いの出来事とともに、キリストの死からいのちへの過越を思い起こさせます。キリスト教の洗礼では、新受洗者は水から上がった後、油を塗られ、続いて祭壇へと導かれて初めて聖餐にあずかることになり、キリスト教の入信が完成することになります。

浸礼か滴礼か

現代では、バプテスト派などの一部の教派は浸礼を守っていますが、浸礼も滴礼も選択できるようにしている教派が多いのではないでしょうか。カトリック教会の洗礼の儀式書では次のように述べています。

> 水を注ぐことがただの清めの式ではなく、キリストと結ばれる秘跡であることをいっそう明白に理解させるために、伝統や事情を考慮したうえで、「注ぎ」または「浸し」のどちらか、より適当なものを選ぶ。[5]

また『カトリック教会のカテキズム』は、「洗礼の意味をもっともよく表すのは洗礼水に全身を三度浸す形式ですが、古代から行われていたように、志願者の頭部に水を三度注いで授けることもできます」[6]と述べて、浸礼の意義を強調しています。

これまで滴礼による洗礼を実施してきた教派でも、近年は少しずつ浸礼を導入するようになっています。とくに米国ではその傾向が強いという印象です。またアジアでも、たとえば筆者が以前訪ねた香港では、改築に際して洗礼槽を備えた教会堂が増えてきたようです[7]。また、洗礼槽を作ることができない場合は、ポータブルの浴槽などを用いて浸礼を実施する教派もあります。浸礼の場合、司式者も受洗者も水の中に入るため、その後の典礼のために服を着替えるなど、実践上の課題はありますが、しるしを惜しみなく用いるほうがより豊かな体験となることを重視して、浸礼の可能性を検討する必要があるかもしれません。

1　『ディダケー（十二使徒の教え *Didachē*）』7章（荒井献編『使徒教父文書』講談社文芸文庫、1998年、32頁）参照。
2　洗礼槽については本書223頁以下を参照。
3　日本での名称はほかに「灌水（かんすい）」「注水」などがある。
4　エルサレムのキュリロス『秘義教話（*Catecheses mystagogicae*）』2･4（上智大学中世思想研究所編『中世思想原典集成2　盛期ギリシア教父』平凡社、1992年、151頁）。
5　「成人のキリスト教入信式の緒言」33（日本カトリック典礼委員会編『カトリック儀式書　成人のキリスト教入信式』カトリック中央協議会、1976年、26頁）。
6　日本カトリック司教協議会教理委員会訳『カトリック教会のカテキズム』1239（カトリック中央協議会、2002年）。
7　福島綾子『香港カトリック教会堂の建設——信徒による建設活動の意味』九州大学出版会、2019年、145–146、164–165、178–181頁参照。

代父母

　カトリック教会、聖公会、ルーテル教会などでは、洗礼とその準備の段階で「代父母（godparents）」が選ばれ、受洗者を支え導く役割を担います。日本聖公会では「教父母」、ルーテル教会では「教保」などと訳されています。ここではカトリック教会の立場から「代父母」について考えます。

紹介者と代父母

「入信の秘跡の緒言」と呼ばれる文書は、代父母について次のように述べています。

> 教会の古代からの習慣に従い、成人の洗礼には、キリスト信者の共同体の中から選ばれた代父母を必ずたてる。代父母は、少なくとも準備の最後の段階で洗礼志願者を助け、また洗礼の後には、本人が信仰と

キリスト教的生活を保ち、深めるよう配慮する。[1]

こうした役割を担う者は『使徒伝承』（3～4世紀）に見られ、信仰を求めて初めて共同体に来た人を連れてきた者が、教えを授ける人に対して、その人物について証言をすることが求められています。さらに、洗礼志願者として選ばれるときにも、連れてきた者が、志願者となる人が正しく生活してきたか否かについて証言しました[2]。

『使徒伝承』が伝えるように、信仰を求める人を連れてきた者を、現在では「紹介者（sponsor）」と呼んでいます。紹介者は、洗礼を受ける人のことをよく知っており、生活や信仰について証言するいわば保証人の役割を果たすので、この紹介者が洗礼のときの代父母となる場合が多いですが、場合によっては別の人物を代父母に選ぶこともあります。

共同体の代表としてのかかわり

カトリック教会の「教会法」873条によれば、洗礼には代父か代母のいずれか1名、もしくは代父母の両方が立ち会うことになっています。また、874条には、満16歳に達しており、堅信と聖体の秘跡を受けたカトリック信者で、洗礼を受ける人の父または母ではないこと、などの条件が定められています。

このような代父母は、成人洗礼の場合には通常、洗礼を受ける人自身によって選ばれ、司祭の承認を受けて教会共同体を代表する者としてかかわります[3]。代父母は、洗礼式のときに受洗者に付き添って世話をする介添えの役割だけでなく、受洗者のために祈る教会共同体の代表として、受洗者を支え導くという重要な役割があります。

> （代父母は）洗礼志願期中はもとより秘跡直後の導きの期間中にも種々の疑問や心配の相談相手となり、個人生活、社会生活においてどのように福音の精神に生きるかを示す。代父母の使命は受洗後も続き、洗礼によって受けた生命の成長を見守って行く。[4]

このように、代父母は、入信のプロセスの全体にわたって可能なかぎり受洗者とかかわりを保つよう求められています。洗礼は当事者だけの出来事ではなく、その人を迎え入れる共同体にとっても大切な出来事です。共同体全体が新しい家族の誕生を喜び、信者としての歩みをともにすることを表すことが、代父母の務めを通して示されるのです。

図：受洗者を支え導くしるしとして肩に手を置く代父

また、幼児洗礼式においても、成人と同じように代父母が立ち会います。幼児の親とともに悪霊の拒否と信仰宣言を行い、子どもの受洗を望んでいることを宣言します。こうして、洗礼が、「家族の信仰だけでなく、キリストの教会全体の信仰の中で授けられること」を明らかにします[5]。

なお、「教会法」892 条と 893 条によると、堅信を受ける場合も可能なかぎり代父母をたて、洗礼のときの代父母に依頼することが望ましいとされています。

1　「入信の秘跡の緒言」10（日本カトリック典礼委員会編『カトリック儀式書　幼児洗礼式』カトリック中央協議会、1975 年、13 頁）。
2　『使徒伝承（*Traditio apostolica*）』15、20（B. ボット『聖ヒッポリュトスの使徒伝承』土屋吉正訳、オリエンス宗教研究所、1987 年、33、43 頁）参照。
3　「成人のキリスト教入信式の緒言」44（日本カトリック典礼委員会編『カトリック儀式書　成人のキリスト教入信式』カトリック中央協議会、1976 年、31 頁）参照。
4　同 44（『成人のキリスト教入信式』32 頁）。
5　「幼児洗礼の緒言」4（日本カトリック典礼委員会編『カトリック儀式書　幼児洗礼式』カトリック中央協議会、1975 年、23 頁）。

灌水（かんすい）

灌水——仏教・神道の場合

わたしたちは生活の中で、飲料水、農業用水、工業用水などさまざまな目的のために水を用いています。宗教儀式の中で水を用いるとき、その多くは清めを目的としています。

たとえば仏教では、清めに用いる水を灑水（しゃすい）（または洒水）と呼びます。また、灑水を撒いて清めることも灑水と呼びます。清潔な水に香を入れた香水（こうずい）を灑水器と呼ばれる金属製の器に入れ、散杖（さんじょう）あるいは灑水杖と呼ばれる木製の棒を灑水に浸し、人や場所や供物などに注いだり振りかけたりして清めます[1]。

神道における清めの水は、神社での参拝の前に行う手水舎での手と口の清めが知られていますが、お祓いのときに、塩を溶かした湯（塩湯（えんとう））を塩湯器に入れ、榊の葉を塩湯に浸して振りかけます。

キリスト教の灌水[2]

キリスト教で人や物に水を振りかける灌水の起源は明確ではありませんが、以下の旧約の記述にあるように、ユダヤ教の時代から、何らかの祭儀の中で清めのために灌水が行われていたようです。

> わたしが清い水をお前たちの上に振りかけるとき、お前たちは清められる。わたしはお前たちを、すべての汚れとすべての偶像から清める。わたしはお前たちに新しい心を与え、お前たちの中に新しい霊を置く。
>
> （エゼキエル書 36･25–26）

> ヒソプの枝でわたしの罪を払ってください
> 　わたしが清くなるように。

わたしを洗ってください
雪よりも白くなるように。[3]　　　　（詩編 51・9）

しかし、古代の宗教の中には魔よけの目的で水を注いだり振りかけたりすることが行われていたことから、キリスト教は清めのための灌水の導入には慎重だったようです。

ローマ教会では 5 世紀ごろから祝福された水（聖水）を清めのために用いるようになり、6 世紀以降は水に塩を混ぜることも始まりました。これは、預言者エリシャが質の悪い水に塩を投げ込むと水が清められた出来事に基づいています（列王記下 2・20–22）。こうした水は、清めの目的で、家や礼拝の場、また畑などに注がれました。

ミサ前の灌水式

9 世紀ごろになると、日曜日のミサが始まる前に、司祭は水を祝福して会衆に振りかける習慣が始まりました。ランスの大司教ヒンクマルス（806 頃～ 882 年）は、日曜日ごとに司祭がミサの前に水を祝福し、信者が教会堂に入るときにこの水を振りかけるよう定めました[4]。こうした灌水の際には、上記の詩編 51 編 9 節に基づく交唱《Asperges me》（あなたはわたしに水を注ぎ）や[5]、復活節にはエゼキエル書 47 章 1–2, 9 節に基づく交唱《Vidi aquam》（わたしは水を見た）などが歌われました。

トリエント公会議（1545 ～ 63 年）後に発行された『ローマ・ミサ典礼書』（1570 年）では、灌水式は主日のミサの前に行うことになっていましたが、第二バチカン公会議後の『ローマ・ミサ典礼書』（初版は 1970 年、現行の第 3 版は 2002 年）では、主日とりわけ復活節の主日ミサの開祭の中で、回心の祈りのかわりに行うことができるようになりました。司祭は入堂後に会衆にあいさつした後、水を祝福して奉仕者と会衆に灌水するか、聖堂内を回って灌水し、その間、上記の交唱などが歌われます[6]。

ミサの初めに行われるこの灌水式は、会衆が自らの洗礼を想起し、洗礼の恵みを新たにすることを目的としています。これと同じ目的の灌水は、復活徹夜祭の洗礼式に続く「洗礼の約束の更新」のときにも行われます。会衆が信仰を宣言した後、司祭は聖堂内を回って会衆に灌水し、その間、上記の交唱《Vidi aquam》や洗礼を想起する聖歌が歌われます[7]。

その他の典礼での灌水

カトリック教会ではミサ以外にも、建物や土地、祭器具や信心用具などを祝福するために灌水を行います。また、いくつかの儀式の中でも灌水を行います。ここでは、葬儀と献堂式のときの灌水について紹介しましょう。

葬儀ミサでは、入堂行列で遺体を納めた棺を運び、祭壇の前に安置した後、司祭は棺に灌水します。これは、故人が洗礼によって罪のゆるしを受け、新しいいのちのうちに生涯を送ったことを想起することを目的としています。また、洗礼を通してキリストの死と復活にあずかった故人の復活への希望を新たにします。なお、葬儀ミサの結びの告別でも棺に灌水を行う場合があり、故人が洗礼を受けたことを思い起こします。

図：灌水

献堂式のミサでは、入堂のすぐ後に会衆と新しい教会堂の壁と祭壇に対して灌水が行われます。ここでの灌水は、会衆の回心と洗礼の想起、そして壁と祭壇の清めを目的としており、灌水の間に交唱《Vidi aquam》などが歌われます。

灌水を行うとき､ふつうは専用の灌水器（aspergillum）を用いますが（図)､近年は、祝福された水を適当な器に入れ、木の枝を水に浸して振りかける場合も見られます。

1　中村元他編『岩波 仏教辞典 第二版』（岩波書店、2002年）467頁参照。
2　以下は、NWDLW, pp. 30–31、R. Berger, *Pastoralliturgisches Handlexikon*, Freiburg - Basel - Wien 2013, p. 31を参照。
3　この箇所は、ラテン語のウルガタ訳では「あなたはヒソプの枝でわたしに水を振りかけ（asperges）、わたしは清められる」と訳されている。

4 「カピトゥラ・シノダリア（*Capitula Synodalia*）」（PL 125: 774）5 章参照。
5 ここからこの灌水式を「アスペルジェス（Asperges）」と呼ぶ習慣が生まれた。
6 「ミサの式次第」4（日本カトリック典礼委員会編『ミサの式次第』カトリック中央協議会、2022 年、143 頁）、「水の祝福と灌水」（同書、390–398 頁）、R. Berger, *Pastoralliturgisches Handlexikon*, Freiburg - Basel - Wien 2013, p. 31 参照。
7 洗礼の約束の更新は洗礼式を行わなかった場合にも必ず行われる。「復活の主日 復活の聖なる徹夜祭」54–58（日本カトリック典礼委員会編『聖週間の典礼』カトリック中央協議会、2023 年、272–277 頁）参照。

按　手

生活の中での手を置く動作

わたしたちは日常生活の中で、子どもの頭を手で撫（な）でたり、悲しむ人の手を握ったり、病気で苦しむ人の肩や背に手を置いたりして、ことばによらずに相手への思いや願いを伝えようとすることがあります。世界の多くの文化や宗教には古くから、手や手のひらを介して何らかの力や思いが伝えられると感じ、人や物の上に手を置く、手を差し伸べる、手をかざすなどの動作が伝えられています。こうした行為は、聖別や祝福、治癒、職務の授与、霊的なたまものや力の授与などと結びついています。

キリスト教で按手（あんしゅ）と呼ばれる動作も、このような手を置く行為の一つです。按手は、ラテン語では “impositio manuum”、英語では “imposition of hands” もしくは “laying of hands” と呼ばれます。手で抑えることや手を置くことを意味し、按手の「按」にも同様の意味があります。

聖書に見られる按手[1]

『旧約新約 聖書大事典』の「按手」の項目では、旧約における按手の用法を五つに分類しています[2]。すなわち、祝福行為としての按手（創世記 48·14）、焼き尽くす献げ物（レビ記 1·4）や和解の献げ物（同 3·2）など供犠（くぎ）における按手、身代わりの雄山羊を放つ際の按手（同 16·21）、就任儀礼（もしくはイニシエーション）における按手（民数記 27·11–23）、そして証人が罪人を指し示すための指示行為としての按手（レビ記 24·14）です。

新約時代にも按手の実践が受け継がれ、とくに祝福、治癒、職務の授与などの例が見られます。イエスは子どもに手を置いて祝福し（マルコ 10·16）、イエスと弟子たちは病人に手を置いて癒しの行為を行いました（同 6·5、16·18）。これらのほかに、回心や洗礼と結びついた按手も行われました。パウロの回心に際し、アナニアはパウロに按手をしました（使徒 9·17）。また、すでに洗礼を受けていたサマリアの人々の上にペトロとヨハネが手を置くと、彼らは聖霊を受けました（同 8·17）。同じように、パウロから洗礼を受けたエフェソの人々は、パウロが手を置くと聖霊を受けた（同 19·6）と記されています。このように、使徒の時代には、洗礼を受けた人々に対する按手が、聖霊が与えられることのしるしとして実践されていたようです。

もう一つの重要な按手は奉仕の務めを授与する按手です。使徒 6·1–6 には、使徒の活動を助けるために、信仰と聖霊に満ちている 7 名が選ばれ、使徒たちによる按手が行われたことが記されています。アンティオキアでは、バルナバとパウロが断食と祈りの後に按手を受けてから宣教へと派遣されました（同 13·1–3）。また、パウロは奉仕の務めに携わるテモテに対して、按手によってテモテに与えられたたまものについて伝えています（Ｉテモテ 4·14）。

典礼における按手

古代教会では、とくに入信の過程の中で行われる按手と、司教・司祭・助祭の務めを授与するときの按手が行われていました。

『使徒伝承』（3 ～ 4 世紀）によると、入信の過程では、求道者に対する教話からの解散の前に、求道者に手を置いて祈りました。また、洗礼志願者として認められた者には毎日、悪霊追放のしるしとして手が置かれました[3]。

現在のカトリック教会ではこうした古代の実践にならい、復活徹夜祭での洗礼の直前の準備として、四旬節第三、第四、第五主日のミサの中で洗礼志願者のために「清めと照らしの典礼」を行い、司祭は洗礼志願者に按手して聖霊による照らしと導きを祈ります[4]。

『使徒伝承』は、洗礼を受けて泉から上がった受洗者に司教が按手して祈りを唱えたと伝えています（同21）。受洗後のこうした按手について、カルタゴのテルトゥリアヌス（155頃～220年以降）は、『洗礼について』の中で、「さて次に、祝福の言葉をもって、聖霊を呼び求め、招きつつ、按手される」と伝えています[5]。これらによれば、受洗後に行われた按手は聖霊の授与と結びついたしるしとして行われました。この按手は、やがて塗油とともに堅信の秘跡（堅信礼）へと発展していきます。

『使徒伝承』には、司教・司祭・助祭の務めを授与する際に、手を置いて特別の祈りが唱えられたことも記されています。その中では聖霊の注ぎが願われ、司教の場合は「統治の霊」、司祭の場合は「司祭団の評議にあずかる霊」、助祭の場合は「恵みと熱心の霊」を求めて祈っています[6]。教会はこうした按手を現在に至るまで行ってきました。カトリック教会では「叙階式」と呼びますが、日本聖公会の「聖職按手式」、日本基督教団の「正教師按手礼」、日本福音ルーテル教会の「教職受任按手式」など、式の名称に「按手」が使われています。

図：叙階のときの按手

以上のほかに、按手は聖霊の働きを願うエピクレーシス（epiclēsis）の動作として、ミサではパンとぶどう酒を聖別する動作となりました。また、癒しを願う動作として、病者の頭への按手（西方教会）や他の部位への按手（正教会）が行われています。さらに、カトリック教会のゆるしの秘跡では、信者の頭の上に司祭は手を伸べて、「あわれみ深い父は……罪のゆるしのために聖霊を注がれました」と唱え、聖霊の働きによる罪のゆるしに言及します[7]。

キリスト教における按手は、霊能者の呪術的能力を示すものではなく、神の息吹である聖霊の働きをしるしとして表す動作であり、これを通して神との出会いを意識することができるのです。

1 『新カトリック大事典 I』260–261 頁参照。
2 『旧約新約 聖書大事典』91–93 頁参照。
3 『使徒伝承（*Traditio apostolica*）』19、20（B. ボット『聖ヒッポリュトスの使徒伝承』土屋吉正訳、オリエンス宗教研究所、1987 年、41、43 頁）参照。
4 日本カトリック典礼委員会編『カトリック儀式書　成人のキリスト教入信式』97、106、115（カトリック中央協議会、1976 年、72–73、78–79、84–85 頁）参照。
5 テルトゥリアヌス『洗礼について（*De baptismo*）』8（小高毅編『原典 古代キリスト教思想史 1　初期キリスト教思想家』教文館、1999 年、184 頁）。
6 『使徒伝承』2、3、7、8（B. ボット、前掲書、5、9、21、23、27 頁）参照。
7 日本カトリック典礼委員会編『カトリック儀式書　ゆるしの秘跡』45（カトリック中央協議会、1978 年、49 頁）。

塗　油

地中海・近東諸国での油の使用

地中海や近東諸国の人々にとって、油は非常に古い時代から日常生活の必需品でした。とくにオリーブ油は、食用だけでなく、美容、健康、医療、燃料などのために欠かすことのできないものでした。油を意味する英語の “oil” はラテン語の “oleum” に由来します。“oleum” にはオリーブ油（olivum）の意味もあるので、油といえばオリーブ油を連想したのではないでしょうか。また、日常生活以外にも儀礼の中で油を用いる習慣がありました。たとえば、古代のエジプトやメソポタミアでは、王や高官の就任の際に油を注ぐ式を行い、職務がゆだねられました[1]。

聖書における油[2]

このようなオリーブ油の使用は、ユダヤ教の人々にも受け継がれました。聖書の中では、宗教儀礼だけでなく日常生活での使用（エゼキエル書 16・9）も記されています。

旧約における塗油のおもな目的は人や物の聖別で、油を塗ることによって、神のものとして選り分けることを意味していました。モーセは臨在の幕屋、掟の箱、祭壇や祭具などに「聖別の油」を注いで神聖なものとしました（出エジプト記 30・22–29）。また、出エジプト記 29 章の冒頭では祭司を聖別する儀式に関する詳細な記述があり、アロンの頭に聖別の油が注がれました（詩編 133）。同じように、預言者（イザヤ書 61・1）や王（サムエル記上 10・1、16・13 など）も油を注がれてその職務をゆだねられました。

新約では旧約ほど多くの記述はありませんが、イエス自身が自らを「油注がれた者（メシア、クリストス）」として示し（ルカ 4・18）、旧約以来の王・祭司・預言者として救い主（メシア）の使命を果たしました。また、油はイエスや使徒たちによる病者の癒しのわざにおいて用いられ（マルコ 6・13）、その後の初期のキリスト者の間でも実践されました。ヤコブ書 5 章 14–15 節の、「あなたがたの中で病気の人は、教会の長老を招いて、主の名によってオリーブ油を塗り、祈ってもらいなさい。信仰に基づく祈りは、病人を救い、主がその人を起き上がらせてくださいます」は、後のカトリック教会の病者の塗油の秘跡（正教会では聖傅（せいふ）機密）に発展しました。

礼拝における塗油[3]

教会は、聖書にある塗油の伝統を受け継ぎ、礼拝の中で塗油を行うようになりました。現在のカトリック教会では、洗礼の前後、堅信、司教と司祭の叙階、病者の塗油、献堂式などで塗油が行われます。

礼拝で用いる油は、通常、聖木曜日（受難の木曜日）の聖香油のミサで聖別されます。聖香油（chrism）は、オリーブ油に香料を混ぜて司教が聖別し、聖霊のたまものを受けるしるしとして用いられます。聖香油のミサでは、洗礼志願者のための油と病者の油もあわせて祝福されます。

入信の過程で行われる塗油は3～4世紀ごろにさかのぼることができます。当時は洗礼の前や後に塗油の習慣がありましたが、まだ統一された方法には至っていませんでした[4]。4世紀末のエルサレムの司教キュリロス（315頃～387年）は洗礼前にオリーブ油を全身に塗られたことについて、こう説明しています。

> 裸にされたあなたがたは、頭の頂の毛髪から最も下の部分まで聖油を塗られ、よいオリーブであるイエス・キリストにあずかる者となったのです。……聖油は、キリストの豊かさにあずかることの象徴であって、敵対する力のすべての追跡を退けるのです。[5]

現在では洗礼志願式の中で、祝福された油を求道者の額に塗り、「救い主イエス・キリストの力によって、あなた（がた）が強められますように」と祈ります[6]。また洗礼式では、洗礼に続いて堅信の秘跡を授ける場合、司式者は按手をしながら[7]、聖香油を浸した右の親指で受堅者の額に十字架のしるしをして（図参照）、「○○○○（姓名）、父のたまものである聖霊のしるしを受けなさい」と唱えます[8]。堅信を授けない場合も、受洗者には聖香油が塗油され、洗礼によって大祭司、預言者、王であるキリストに結ばれ、その使命に生きることが示されます[9]。

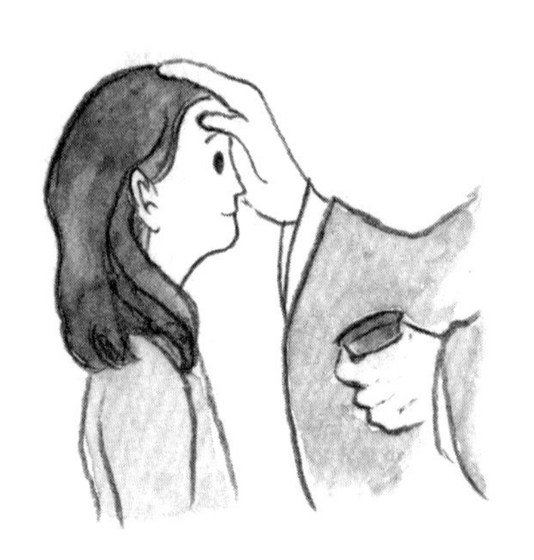

図：堅信のときの按手と塗油

司教と司祭の叙階における塗油は、6～7世紀ごろから行われるようになりました。現在の司祭叙階では両手に、司教叙階では頭に聖香油が塗油され[10]、神の民を導くキリストの牧者としての使命を受け継ぎます。

病者への塗油は前述したようにヤコブ書に基づくもので、3～4世紀ごろから行われてきました。司祭は、「この聖なる塗油によりいつくしみ深い主キリストが聖霊の恵みであなたを助け、罪から解放してあなたを救い、起き上がらせてくださいますように」と唱えて、病者の額と両手に病者の油を塗ります[11]。

また、献堂式では新しい祭壇と教会堂の壁に塗油が行われます[12]。祭壇への塗油は、祭壇が油注がれた者と呼ばれるキリストの象徴であることを表し、祭壇の中央と四隅に司教が聖香油を注ぎ、それを祭壇全体に広げて塗ることもできます。壁への塗油は教会堂が完全に恒久的にキリスト者の礼拝のために奉献されることを意味し、伝統的に12箇所（場合によっては4箇所）に聖香油が塗油されます。

このような塗油は聖霊の働きによる聖別、強化、癒しなどのしるしです。水と霊による洗礼を受けたキリスト者が「油注がれた者」としてキリストとともに生き、聖霊のたまものに満たされていることを深く味わう機会になるといえるでしょう。

1 『聖書象徴事典』9–10頁参照。
2 NDSW, pp. 49–50 参照。
3 *Ibid*., pp. 50–56 参照。
4 P. F. ブラッドショー『初期キリスト教の礼拝——その概念と実践』（荒瀬牧彦訳、日本キリスト教団出版局、2006年）55–71頁参照。
5 エルサレムのキュリロス『秘義教話（*Catecheses mystagogiae*）』2·3（上智大学中世思想研究所編『中世思想原典集成2　盛期ギリシア教父』平凡社、1992年、150–151頁）。
6 日本カトリック典礼委員会『カトリック儀式書　成人のキリスト教入信式』86（カトリック中央協議会、1976年、66頁）。
7 按手については本書69頁以下を参照。
8 同137（前掲書、111頁）参照。
9 同129（前掲書、105–106頁）参照。
10 「司教叙階式」49、「司祭叙階式」133（*De Ordinatione Episcopi, Presbyterorum et Diaconorum*, Editio typica altera, Città del Vaticano 1990, pp. 26, 76）参照。
11 日本カトリック典礼委員会編『カトリック儀式書　病者の塗油』76（カトリック中央協議会、1980年、16–17頁）参照。
12 「献堂式」63–65（*Ordo Dedicationis Ecclesiae et Altaris*, Editio typica, Città del Vaticano 1990, pp. 47–49）参照。

結婚の祝福

結婚式と祝福

結婚する新郎新婦には、「おめでとうございます」、「末長くお幸せに」などのことばが贈られます。これらは広い意味で、新郎新婦に対する祝福のことばです。結婚は、どのような文化や宗教においても祝福の時であるということができるでしょう。

キリスト者にとっての結婚式[1]は、4世紀以前は各地方の結婚の習慣を取り入れて行われる私的な行事として家庭で行われ、教会で特別の式を執り行うことはありませんでした。結婚にキリスト教的特徴が見られるようになるのは、キリスト教がローマ帝国で公認された4世紀初め以降のことです。たとえば、ローマやミラノでは、祭壇の前に導かれた新郎新婦に新婦の父親がヴェールを掛けて祝福の祈りを唱えました[2]。こうした祈りは、古代末期から中世初頭にかけてローマ教会で編集された秘跡書（サクラメンタリウム）に、ミサの式文とともに収録されました。また、ガリア、スペイン、ケルトなどの教会では、旧約続編のトビト記8章4節以下のトビアとサラの祈りに基づく、新郎新婦の寝室での祝福の祈りが唱えられました[3]。

結婚の祝福の改訂

秘跡書のうち「ゲラシウス秘跡書」に見られる祝福の祈りは「結婚の儀（Actio nuptialis）」という総括的な表題が付けられ、新婦のための祈りと新郎新婦の相互一致を祈る内容でした[4]。この祈りは、初めはミサの平和の接吻に続いて唱えられ、後に主の祈りの後に唱えられるようになりました。この「ゲラシウス秘跡書」の結婚の祝福は、一部を修正して現在のカトリック教会においても用いられています。

第二バチカン公会議（1962～65年）前の祝福の祈りは、中世以来の祈りの内容を受け継いでいたため、新郎新婦に対する祝福の祈りでありながらも、実際には新婦が新郎に忠実であるようにという側面が表れる内容でした。かつての式文の一部を引用してみましょう。

> 願わくは婚姻により夫に結ばるるにあたりて、主の御保護を願う主のこの婢(はしため)を御いつくしみもて顧み給え。……かの女が貞節潔白にして、キリストにおいて結婚し、常に聖女たちに学ばんことを。……かの女が信仰とおきてとに堅くとどまり、夫に忠実にして、悪しき交わりを避け、規律の力もておのが弱さを支えんことを。[5]

第二バチカン公会議の『典礼憲章』は、このような結婚の祝福を改訂する必要性について次のように述べています。

> 新婦のための祈願は、新郎新婦が相互に忠実であるという同等の義務を強調するようふさわしく改訂されたうえで、国語で唱えることができる。[6]

このような方針に従い、現代の結婚観にはそぐわないかつての祝福の祈りは、新郎新婦が相互に仕え合い、忠実であることを祈る内容に改められました。

現在の結婚の祝福

現在のカトリック教会の『結婚式』儀式書[7]には、3種類の結婚の祝福が掲載されており、司式者は状況に応じていずれかを選び、新郎新婦の上に両手を差し伸べて唱えます。

図：結婚の祝福

いずれの祝福も冒頭では、創世記1～2章に基づいて、神の創造のわざにおける人の創造について触れ、人が神の似姿として造られたこと、男女が別々ではなく一体となるよう定められていることを思い起こします。さらに第一の祝福では、神が結ばれたものを人が引き離すことはできないこと（マタイ 19・6)、第一と第二の祝福では、キリストと教会を結ぶ愛の神秘が結婚のきずなを結ぶ二人のうちに示されていること（エフェソ 5・21 以下）にも言及します。

この神のわざを思い起こすいわばアナムネーシス（anamnēsis）ともいうべき導入に続いて、新郎新婦のための嘆願が続きます。3 種類の結婚の祝福の内容をまとめると以下のとおりです。

・二人が相互の信頼のうちにいのちの恵みを受け継ぎ、神の愛を生きる者となること。
・互いに仕え合い、心も思いも一つになること。
・神の教えを守り、新しい家庭がキリストの福音を生きる場となること。
・すべての人にキリストをあかしすること。
・たえず神を賛美し、神を求め、神により頼むこと。
・子どもに恵まれること[8]。
・約束された永遠のいのちの喜びにあずかること。

このように、上記の『典礼憲章』の方針に基づいて、現在のカトリック教会で用いる結婚の祝福は新郎新婦の同等性を明らかにする祈りに改訂されました。

結婚の祝福は、「キリストが教会を愛し、教会のために自らを渡したように、キリスト者の夫婦が等しい尊厳、相互の献身、そして神の愛の泉からわき出る分かつことのできない愛によって、夫婦のきずなをいつくしみ育てることに力を注ぐ」[9]という、結婚に関する理解を表しています。結婚は、一人の男性と一人の女性が、全く自由に、決定的に自分を与え合うことを表明する同意によって成立します。そして、その後に唱えられる結婚の祝福によって、教会は、男女のこの同意を神が受け入れ、二人が神の祝福に満たされるよう祈るのです。

1 以下は、A. J. Chupungco (ed.), *Handbook for Liturgical Studies Vol.IV: Sacraments and Sacramentals*, Collegeville 2000, pp. 284–301 を参照。

2 この祈りは “Velatio nuptialis”（結婚のヴェール覆い）と呼ばれた。

3 この祈りは “Benedictio in thalamo”（寝室での祝福）と呼ばれた。

4 「ゲラシウス秘跡書（*Sacramentarium Gelasianum*）」1443–1455（L. C. Mohlberg et al. [ed.], *Liber Sacramentorum Romanae Aeclesiae Ordinis Anni Circuli [Sacramentarium Gelasianum]*, Roma 1960, pp. 208–210）参照。

5 日本司教団典礼委員会編『コレクツィオ・リトゥウム（*Collectio Rituum*）』ドン・ボスコ社、1958 年、203–204 頁。

6 第二バチカン公会議『典礼憲章』78。

7 カトリック教会の『結婚式』儀式書は https://www.cbcj.catholic.jp/publish/kekkon/ からダウンロードが可能である。

8 この嘆願は現行の儀式書では（　）に入れられ、新郎新婦が高齢の場合など状況によっては省くことができる。

9 日本カトリック典礼委員会編『カトリック儀式書　結婚式』緒言 9（カトリック中央協議会、1996 年、15 頁）。

共同司式

共同司式（concelebration）とは、一人の主司式者（司教または司祭）のもと、複数の司教または司祭が集い、ミサや秘跡（サクラメント）などの祭儀をともに司式する形態です。カトリック教会、聖公会、ルーテル教会など、そして東方教会で行われています。

現在のカトリック教会では、司教や司祭の叙階式（叙任式・按手式）のような特別な機会だけでなく、小教区教会や修道院などに司祭が複数いる場合にはふつうに行われています。このように共同司式が定着したのは、第二バチカン公会議（1962 ～ 65 年）による典礼の刷新以降です。

初代～中世初期の教会の共同司式[1]

教会の歴史を振り返ると、早い段階から共同司式の形態があったことが分かります。2世紀初め、アンティオキアの司教イグナティオス（？～110年頃）が書いた手紙には次のように記されています。

> （あなた方が集るのは）あなた方が心を乱さず監督と長老団に従うためで、（そこで）あなた方はひとつパンを裂くのですが、これは不死の薬、死ぬことなくイエス・キリストにあって常に生きるための（死に対する）解毒剤なのです。[2]

> ですから（分裂に陥らず）ただひとつの聖餐に与るよう努めなさい。何故なら、私達の主イエス・キリストの肉はひとつ、彼の血と合一するための杯はひとつ、祭壇はひとつ、ちょうど長老団と、私の（主に対する）奴隷仲間である執事達とむすばれている監督はただひとりなのと同様です。[3]

イグナティオスは、監督（司教）を囲む長老団（司祭団）と執事（助祭）たち、そして信者が参加してささげられる聖餐（ユーカリスト）は教会の一致の源泉であり、聖餐は個人の行為ではなく、教会全体の行為であることを強調しています。

3～4世紀に記されたとされる『使徒伝承』では、司教の叙階に続けて行われる聖餐が司教と司祭団による共同司式で祝われたことを伝えています。

> 助祭たちが司教にささげものをさし出すと、司教は司祭団とともにその上に両手を置いて、感謝をささげ、次のように言う。「主はあなたがたとともに」。[4]

『使徒伝承』ではこの後に祭儀の中心かつ頂点となる奉献文（ユーカリストの祈り Eucharistic prayer）が続きます。この祈りを唱えたのは主司式者である司教のみで、司祭たちは声に出して唱えませんでした。当時はまだ成文化された奉献文はなく、司教が自らのことばで唱えていたためと考えられます。

また、4世紀末のエルサレムの司教キュリロス（315頃～387年）による洗礼志願者への秘義教話には、奉献文を唱える前に司教と祭壇を囲む司祭団が手を洗うための水を助祭が運んだことが記されています[5]。

このように初代から古代教会においては、司教を司祭団が囲んで共同司式し、助祭や会衆など共同体が参加してミサなどの典礼を執り行うことは広く行われていました。

6～7世紀以降、教会は主要都市から地方へと広がりました。そのため司祭たちも地方へと分散することになり、司教とともにミサを共同司式する機会は減っていきます。ただし、ローマでは教皇のもとで挙行される共同司式のミサが行われていました。7世紀末～8世紀初めの教皇が司式する典礼に関する文書『オルド・ロマーヌスⅠ』によると、感謝の賛歌（サンクトゥス）に続く奉献文（カノン・ロマーヌス）は教皇のみが唱え、共同司式をする他の司教・司祭、そして助祭は皆、頭を垂れて沈黙のうちに祈りました[6]。

一方、その少し後の時代の『オルド・ロマーヌスⅢ』によると、復活祭、聖霊降臨祭、聖ペトロの祭日、そして降誕祭の四つの祭日には、司祭たちが教皇とともに奉献文を共唱し、パンとぶどう酒の聖別に参加することが許されました。教皇が祭壇に近づくと、司祭たちが左右から祭壇を囲み、ささげものを祭壇の上に置かずに手に持ったまま、教皇の声がはっきりと聞こえるように教皇とともに奉献文を唱えました[7]。こうして、司祭たちは教皇とともにパンとぶどう酒を聖別しましたが、祭壇の上のささげものに十字架のしるしをするのは主司式者である教皇の務めでした[8]。

ミサの共同司式から私的な司式へ

ミサの私的な司式は4世紀末～5世紀ごろから見られ、共同司式の機会の減少とともに私的なミサ（private mass）が増えていきます。司祭の中には、叙階によって授けられたミサを司式する権能を行使したいという願望が強まりました。共同司式では、パンとぶどう酒を聖別することばを唱えるのは主司式者である司教の務めだったので、司祭たちは「自らが聖別のことばを唱えてパンとぶどう酒を聖別すること」を強く望むようになったのです。上記の『オルド・ロマーヌスⅢ』で、司祭がささげものを手に持って奉献文を唱えたことにもこの傾向が現れているようです。

やがて 12 ～ 13 世紀には、共同司式の機会は司教と司祭の叙階式に限られ、ミサを私的に司式することが一般的になりました。中世からルネサンス期にかけては、司祭にはミサを毎日ささげる義務があることが強調され、また信者から個別にミサの依頼を受けることが増えました。そして、聖堂の両脇の通路や地下などには多くの小祭壇が設置され、司祭は一人でミサを司式する習慣が定着しました。そのため、一つの聖堂で複数のミサが同時にささげられることも珍しくありませんでした。

共同司式の復興へ

カトリック教会において私的ミサはトリエント公会議（1545 ～ 63 年）以降も続けられ、ミサの共同司式は司教と司祭の叙階式のときに限られていました。したがって、多くの司祭が集う会議や集会のときでも一同が一つのミサを一緒にささげることは原則として認められませんでした。また、複数の司祭が共同生活を送る修道院では、各司祭は個別にミサをささげてから、修道院共同体としてのミサに参加するものの、聖体拝領（陪餐）はしないという不自然な状態がありました。このような状況を改善する要望が各方面から寄せられ、共同司式の伝統を保ち続けてきた東方教会の影響などもあり、第二バチカン公会議の典礼刷新を経てようやく共同司式を復興することになりました。このことについて、第二バチカン公会議の『典礼憲章』は次のように述べています。

> 共同司式は、祭司職の一致をふさわしく表現するもので、東方においても西方においても、現在に至るまで教会において行われてきた。[9]

第二バチカン公会議によって、「典礼行為は個人的な行為ではなく、教会の祭儀」[10]であり、「共同体的祭儀を、個人的でいわば私的な祭儀執行にできるかぎり優先させるべき」[11]という、典礼の共同体性の再認識ができたからこそ、共同司式が復興したことはいうまでもありません。

図：ミサの共同司式

共同司式——教会の一致のしるし

「ローマ・ミサ典礼書の総則」によると、共同司式は、祭司職が一つであること、いけにえが一つであること、神の民全体が一つであることを適切に表現するものとされ、とくに司教叙階式、司祭叙階式、大修道院長の祝福式、そして通常は聖木曜日の午前中に行われる聖香油のミサで行われるよう定められています[12]。また、聖木曜日の晩に行われる主の晩餐の夕べのミサ、教会会議や教区会議のときのミサ、修道院のミサ、各教会の主要なミサ、司祭の集まりのときのミサなどで共同司式が勧められています。

さらに、「ローマ・ミサ典礼書の総則」は、「司教が司式し、その司祭団と助祭と信徒の奉仕者がこれを囲み、神の聖なる民が十分に行動的にこれに参加するミサは、その意味の上から第一位におかれるようにする。そこでは教会がもっともよく表明されるからである」[13]と述べています。共同司式者と会衆が一つの祭壇を囲んで集う姿は、聖霊によって呼び集められた者の集いである教会の一致をはっきりと表すしるしとなっているのです。

1　以下は、NWDLW, pp. 124–126、R. Cabie, *The Eucharist* (*The Church at Prayer*, Vol. 2), Collegeville 1986, pp. 221–230、南山大学監修『新風かおる教会（公会議解説叢書 5）』（中央出版社、1969 年）240–247 頁を参照。

2　アンティオキアのイグナティオス『エフェソのキリスト者への手紙（*Epistula ad Ephesios*）』20·2（荒井献編『使徒教父文書』講談社文芸文庫、1998 年、168 頁）。

3　アンティオキアのイグナティオス『フィラデルフィアのキリスト者への手紙

(*Epistula ad Philadelphenses*)』4(荒井献編、前掲書、194 頁)。

4 『使徒伝承(*Traditio apostolica*)』4(B. ボット『聖ヒッポリュトスの使徒伝承』土屋吉正訳、オリエンス宗教研究所、1987 年、11 頁)。

5 エルサレムのキュリロス『秘義教話(*Catecheses mystagogiae*)』5·2(上智大学中世思想研究所訳・監修『中世思想原典集成 2 盛期ギリシア教父』平凡社、1992 年、162 頁)参照。

6 『オルド・ロマーヌスⅠ(*Ordo Romanus I*)』86–88(M. Andrieu, *Les Ordines Romani du haut Moyen Âge II*, Louvain 1960, pp. 95–96)参照。

7 このように主司式者の声がはっきり聞こえるように式文を共唱することは、現在のミサの共同司式においても守られている。「ローマ・ミサ典礼書の総則」218 参照。

8 『オルド・ロマーヌスⅢ(*Ordo Romanus III*)』1(M. Andrieu, *op. cit.*, p. 131)参照。この記述は、司祭が奉献文を共唱したことを伝える、現存する最古の記録である。

9 第二バチカン公会議『典礼憲章』57。

10 同 26。

11 同 27。

12 「ローマ・ミサ典礼書の総則」199 参照。

13 同 112。

集まる

新型コロナウイルス感染症の流行によって、人々が集まることが制限され、「複数の人が集まってはいけない」という意識が広まりました。キリスト教界においても、長期にわたり、礼拝や諸活動のために教会に集まることができなくなりました。教会(エクレシア)とは本来、建物ではなく、神に呼び集められた民そのものです。信者の集まりなしに教会は存在することができません。この教会の本質ともいうべき「集まること」について考えてみたいと思います。

新約時代の集会

イエスは、一人で神と向き合い、祈りをささげることの大切さを説きました（マタイ 6·6）。同時に、複数の人が集うことについてもこう述べています。

二人または三人がわたしの名によって集まるところには、わたしもその中にいるのである。（マタイ 18·20）

複数の人が集まるとき、そこにキリストがともにいてくださることは大きな喜びであり希望です。イエスの死後、ユダヤ人たちを恐れてひっそりと家に隠れていた弟子たちのもとに復活したイエスが現れたとき、彼らは「主を見て喜んだ」と記されています（ヨハネ 20·19–20）。弟子たちが体験したこの喜びは、キリスト者が集まるための原動力といってもよいのではないでしょうか。

また、聖霊降臨の出来事の後、最初期の信者たちが日々の生活の中で行っていたことはこう記されています。

（信者たちは）毎日ひたすら心を一つにして神殿に参り、家ごとに集まってパンを裂き、喜びと真心をもって一緒に食事をし、神を賛美していたので、民衆全体から好意を寄せられた。こうして、主は救われる人々を日々仲間に加え一つにされたのである。（使徒 2·46–47）

家ごとに集まってパンを裂き、ともに食事をし、神を賛美する信者たちの姿は、当時の民衆の目にはどのように映ったのでしょうか。「わたしの記念としてこのように行いなさい」（Ⅰコリント 11·24, 25）というイエスのことばを忠実に守り、パンを裂く集会を行うことは、後の「教会」の姿を世に示していたといえるでしょう。

古代教会の集会

使徒の時代を経て、キリスト者の共同体は少しずつ地中海世界に広がっていきました。1 世紀末から 2 世紀初めに活躍した「使徒教父」と呼ばれる人々がいます。たとえば、ローマのクレメンス（？～ 101 年頃）やアンティオキアのイグナティオス（？～110年頃）らが各地のキリスト者共同体に送った手紙を読むと、教会共同体としての制度化や組織化が始まっていたことを知ることができます[1]。

この使徒教父たちの少し後の2世紀前半に活躍したユスティノス（100頃～165年頃）は、当時のキリスト者の主日の集会の様子について貴重な証言を残しています。

> 太陽の日と呼ばれる日に、町や村に住むすべての人が一つ所に集まり、時間の許すかぎり、使徒たちの記録や預言者たちの書が読まれる。続いて朗読者が読み終わると、司会者が、このようにすばらしいことがらにならうようにと、勧めと励ましのことばをかける。その後、一同は一緒に立ち、祈りをささげる。祈りが終わると、すでに述べたように、パンとぶどう酒と水が運ばれてくる。司会者は、祈りと感謝を力のかぎりを尽くしてささげ、人々は「アーメン」と叫ぶ。こうして感謝をささげられたものが彼らに配られ、その場にいる一人ひとりがそれにあずかる。また、不在の者には助祭によって運ばれる。……さて、太陽の日に、わたしたちは皆ともに集まる。それは、この日は、神が闇と物質を変えて世界を創造した第一の日であり、この同じ日に、わたしたちの救い主イエス・キリストが死者のうちから復活したからである。[2]

これは、主日のミサ（聖餐式）の原型ともいうべき集会についての証言です。ここから、教会共同体の活動の中心に典礼集会（ここではユーカリストの集い）があったことが分かります。前述した使徒言行録のように、使徒の時代の信者たちはまだユダヤ教の神殿に参ることも行っていましたが、この時代になると、キリストが復活した日に独自の集会をもち、イエスがしたようにパンを裂いて人々に分け与え、キリストの記憶を共有するようになっていました。

「会衆が集まると……」

図：集まる

現在のカトリック教会のミサの式次第には、司式者や会衆に対する指示を記した典礼注記（rubric）と実際に唱える式文が記載されています。ミサの式次第は、「会衆が集まると入祭の歌を歌う。その間に、司祭は奉仕者とともに祭壇へ行く」という典礼注記から始まります[3]。この冒頭のことばは、第二バチカン公会議（1962 ～ 65 年）を境に大きく変わりました。第二バチカン公会議以前のミサの式次第は「準備の整った司祭は祭壇に向かうとき……」で始まっており、会衆についての言及はありません[4]。現在の典礼注記では、ミサが始まるためには会衆が集まっていることが重視されています。すなわち、神によって呼び集められた集会（エクレシア）である教会がその場に形づくられていることが前提となっているのです。

ミサでは、「主は皆さんとともに」「またあなたとともに」[5]という対話句が 5 回唱えられ、典礼集会におけるキリストの現存が宣言されます。また、ミサは共同体の祭儀ですから、司式者をはじめ、集まった共同体の成員一人ひとりが役割を分担して互いに奉仕し合うことにより、使徒言行録が伝える「使徒の教え、相互の交わり、パンを裂くこと、祈ることに熱心」（使徒 2･42）な共同体のしるしとなることができるのです。

新型コロナウイルス感染症の影響で思うように教会に集まることができなかった体験をふまえて、集まることの意味を再認識することが大切ではないでしょうか。

1　荒井献編『使徒教父文書』（講談社文芸文庫、1998 年）参照。

2　ユスティノス『第一弁明（*Apologia I*）』67･3–5, 8（SChr 507: 308–313）（筆者訳）。

3　「ミサの式次第」1（日本カトリック典礼委員会編『ミサの式次第』カトリック中央協議会、2022 年、141 頁）。

4　*Missale Romanum ex decreto SS. Concilii Tridentini restitutum Summorum Pontificum cura recognitum*, Editio typica 1962, Città del Vaticano 2010, p. 216 参照。

5　カトリック教会では 2022 年 11 月 27 日から、会衆の応唱は「また司祭とともに」から「またあなたとともに」に変更された。

歌　う

歌を大切にする伝統

教会で行われた葬儀に初めて参列した人から、「教会のお葬式では歌をたくさん歌いますね」と言われたことがあります。葬儀に限らず結婚式に参列する人も、そのように感じるかもしれません。キリスト教の礼拝にとって音楽、とりわけ一同が歌う聖歌（賛美歌）は不可欠の要素といえるでしょう。

旧約聖書の詩編に代表されるように、イスラエルの人々は神への賛美をささげるために歌を用いました。この伝統を受け継ぎ、キリスト教も初期の時代から歌うことを大切にしてきました。パウロは、「詩編と賛歌と霊的な歌により、感謝して心から神をほめたたえなさい」（コロサイ 3･16）と勧めています。2 世紀初めにローマから小アジアのビティニアに派遣された小プリニウス（61 ～ 112 年）は、皇帝トラヤヌスに送った書簡の中で、当時のキリスト者たちに関して、彼らは「決まった日にいつも、夜明け前に集まり、神に対してするかのように、皆で代わる代わるキリストに対して歌を歌っていた」[1] と伝えています。

キリスト教には、「よく歌う人は倍祈る（Bis orat qui bene cantat.）」という格言があり、アウグスティヌス（354 ～ 430 年）は、「歌うことは愛する人のもの（Cantare amantis est.）」ということばを残しています [2]。典礼で歌うことについて、『カトリック教会のカテキズム』は次のように述べています。

> 歌と音楽は、「典礼行為と固く結ばれるに従って」（『典礼憲章』112)、いっそうよくしるしの役割を演じますが、そこには忘れてはならない三つの基準があります。つまり、祈りの表現豊かな美しさ、定められた部分における会衆の心を合わせた参与、および、祭儀の荘厳さです。こうして、歌と音楽は典礼で用いられることばと動作の目的、つまり、神の栄光と信者の聖化とに寄与します。[3]

ここで述べられている三つの基準のうち、とくに第二の会衆の参与（参加）という点を中心に、歌うことがどのようなしるしとなっているか考えてみましょう。

外的参加と内的参加

歌にはことばが必要です。わたしたちが神にささげる歌の第一の源泉は、神のことばである聖書です。もう一つは、聖書の息吹と霊感から生み出されたさまざまな祈りや式文です[4]。これらのことばは音楽と密接に結ばれて歌われることによって、神にささげる賛美として外に向けて宣言されます。歌われることばは必ずしも喜びに満ちたものばかりではなく、嘆きや悲しみのことばも歌われます。こうした嘆きや悲しみのことばを歌うときも、その根本には、神に対する信頼と希望があり、わたしたちはこれらに支えられて神に栄光を帰する賛美をささげるのです。同時に、歌われることばは歌う一人ひとりの心にも深く刻まれます。ことばを歌うことによって一つひとつのことばを記憶に留め、沈黙のうちに深く思いめぐらすことができるようになります。

礼拝で歌うことは、わたしたちの内と外の両方に向かう参加のしるしとなっています。

会衆の一致と典礼の共同体性

スポーツ観戦の際に行われる応援では、歌を用いることが多いでしょう。

観客はともに歌を歌いながら応援することによって一体感を強めていきます。典礼においても、一つに集まった会衆がともに歌うことは、何よりも会衆の一致の力強い表現になります。ともに声を合わせることによって、心の一致はいっそう強められ深められます[5]。

図：会衆の歌による賛美

典礼は一人で行うものではありません。イエスが、「二人または三人がわたしの名によって集まるところには、わたしもその中にいるのである」（マタイ18・20）と語ったように、典礼は教会（エクレシア＝呼び集められた者）がキリストとともに神にささげる共同の礼拝です。典礼の共同体性は、一同が心と声を合わせて歌うことによっていっそう明確に示され、教会（エクレシア）が具体的に表されます。

会衆の行動的な参加

中世以降、典礼はラテン語によって執り行われ、歌われるラテン語聖歌の旋律は複雑になり、さらにポリフォニー（多声音楽）による合唱音楽が発展していきました。そのため、かつては歌を通してともに神を賛美していた会衆から歌が取り上げられることになりました。ルター（1483～1546年）による礼拝改革の中心に会衆による賛美の回復があり、コラールが広く歌われるようになったのはそのためでしょう。

第二バチカン公会議（1962～65年）による典礼改革で強調された会衆の行動的な参加は、まさにこの会衆による神への賛美をカトリック教会にも回復させることになりました。会衆の参加を促す要素として、『典礼憲章』は、「会衆の応唱、答唱、詩編唱和、交唱、聖歌」[6]を挙げています。これらを通して神を賛美することによって、会衆は行動的参加へと促され、典礼そのものが喜びに満ちた祭儀になっていきます。歌による会衆の行動的参加は、主日や祝祭日の祭儀では、「奉仕者と会衆の歌がまったくなくならないように」[7] という原則にも反映されています。

神と神の民の交わりと対話

典礼は神と神の民とが、ことばとしるしを通して交わる場です。『典礼憲章』は次のように述べています。

> 典礼において、神はご自分の民に語られ、キリストは今も福音を告げられるからである。そして会衆は、歌と祈りによって神にこたえるのである。[8]

わたしたちは神から救いのメッセージを受けた者として、心の中からあふれ出る感謝、喜び、信頼などを何らかのかたちで表現し、それを通して神に応えようとします。この応答の一つが、共同で賛美と感謝をささげる礼拝であり、とりわけ歌うことを通してそれが示されます。神から神の民へ、神の民から神へという典礼における対話性は、歌による賛美によっていっそう際立ちます。

レイトゥルギア——他者への奉仕

「典礼」と訳されるラテン語の「リトゥルジア（liturgia）」は、ギリシア語の「レイトゥルギア（leitourgia）」に由来します。「レイトゥルギア」とは、もともとは公共のための奉仕を意味しています。この意味に立ち返るなら、典礼は他者を思いながら、他者とともに他者のために行われるということができます。

わたしたちが礼拝で歌うとき、一人の信者として神を賛美しているのは当然ですが、同時に、前述したように教会として共同で神を賛美します。したがって、わたしたちの歌は、ともに集う者同士が、よりよい賛美をささげることができるように歌われるべきでしょう。礼拝における歌は、自己満足や自己陶酔を目的としたものではありません。また、単に礼拝を飾るものでも、外面的な荘厳さや華やかさを加えるためだけのものでもありません。ともに歌うことは、互いに奉仕し合うという典礼（レイトゥルギア）の本来のあり方を明らかにする行為なのです。

1　小プリニウス「書簡」X·XCVI（R. A. B. Mynors [ed.], *Epistolarum Libri Decem*, Scriptorum Classicorum Bibliotheca Oxoniensis, Oxford 1963, p. 339）（筆者訳）。
2　アウグスティヌス「説教（*Sermo*）」336·1（PL 38: 1472）（筆者訳）。「ローマ・ミサ典礼書の総則」39 参照。
3　日本カトリック司教協議会教理委員会訳・監修『カトリック教会のカテキズム』1157（カトリック中央協議会、2002 年）。
4　第二バチカン公会議『典礼憲章』24 参照。
5　教皇庁礼部聖省『典礼音楽に関する指針（*Musicam sacram*）』5（典礼委員会秘書局、1967 年）参照。
6　第二バチカン公会議『典礼憲章』30。
7　「ローマ・ミサ典礼書の総則」40。
8　第二バチカン公会議『典礼憲章』33。

アーメン

日本で「アーメン」は、キリスト教を連想させることばとなっていますが、その意味まではあまり知られていないようです。

アーメンは、ヘブライ語で「確かに」「そうであるように」という賛同を表します。申命記 27 章 15 節以下では、12 の呪いに対して「民は皆、『アーメン』と言わねばならない」と賛同を示すことが求められています。また、詩編の結びの神への賛美の栄唱（頌栄）に対する応答「アーメン、アーメン」も同様です（詩編 41·14、89·53 など）。なお、旧約のギリシア語訳である七十人訳聖書では、ほとんどのアーメンは「そうであるように（génoito）」と訳されています[1]。

新約では、イエスは話の冒頭に「アーメン、アーメン」という独自の表現を用いていますが[2]（ヨハネ 1·51、6·26 など）、使徒の手紙ではあいさつや結びに用いられます。「わたしたちの父である神に、栄光が世々限りなくありますように、アーメン」(フィリピ4·20)のような賛美の定型句に答えるアーメンは、翻訳されずに初期のキリスト者の祈りにも受け継がれたと考えられます(Iコリント14·16)。

図:聖体を授与されるときに「アーメン」と答える

2世紀半ばのユスティノス(100頃~165年頃)は、現在のミサの奉献文(ユーカリストの祈りEucharistic prayer)について伝える中で、会衆による結びのアーメンに言及しています。

> 司会者が祈りと感謝を終えると、列席するすべての人は「アーメン」と言って賛同を表す。アーメンとはヘブライ語で「そうなるように」という意味である。[3]

奉献文を締めくくるこのアーメンは「大いなるアーメン(Great Amen)」とも呼ばれ、ミサの中で唱えるアーメンの中でも最も荘厳なものとされています。また、ヒエロニムス(347~419/420年)は、ローマの信者によるアーメンについて次のように伝えています。

> 空の雷鳴と同じように「アーメン」が響きわたり、虚飾に満ちた偶像の神殿が揺さぶられる場所がほかにあるだろうか。[4]

アーメンは、日本にあるほとんどの教派の礼拝で、訳さずに用いられていると思います[5]。たとえば、カトリック教会の主日のミサでは、通常は11回唱えます。また、多くの賛美歌にも結びにアーメンが付けられています。しかしこのアーメンは、ともすると条件反射のように答えてしまう場合があるのではないでしょうか。上記の古代の教会のように、会衆のアーメンは叫びであり、教会堂に響き渡るほど大きかったことに着目したいと思います。心からの賛同を示すアーメンは、最も短い信仰告白のことばです。直前の祈りに「わたしもそのように信じ、賛同します」と、確信をもって賛同の証印を押すように「アーメン」と力強く答えたいものです。

1　『ギリシア語 新約聖書釈義事典 I』102 頁参照。
2　「聖書 新共同訳」では「はっきり言っておく」、「聖書 聖書協会共同訳」では「よくよく言っておく」、「フランシスコ会訳聖書」では「よくよくあなた方に言っておく」などと訳されている。
3　ユスティノス『第一弁明（*Apologia I*）』65・3–4（SChr 507: 302–305）（筆者訳）。2 世紀初めの『ディダケー（十二使徒の教え *Didachē*）』10・6 でも、同様のアーメンを聖餐もしくは食事の祈りの結びに唱えている。
4　ヒエロニムス『ガラテヤ書注解（*Commnetarii in Epistulam ad Galatas*）』2・序文（PL 26: 355）（筆者訳）。
5　東方正教会では「アミン」と答える。

沈　黙

祭儀の一部としての沈黙

沈黙とはどのような状態を指すのかと問われれば、「何も話さないこと」「音を出さないこと」「物音がしないこと」など、「ない」という消極的な意味合いで説明されることが多いと思います。典礼の中でも、司式者や会衆が祈りを唱えたり賛美歌を歌ったりしていない状態や、奏楽者が楽器の音を鳴らさない状態など、沈黙のひとときがあります。現在の典礼理解では、こうした沈黙とは、単に音が「ない」状態を指しているのではなく、沈黙にいっそう積極的な意味を与えて、典礼を構成する要素の一つと考えています。「ローマ・ミサ典礼書の総則」は、「聖なる沈黙も、祭儀の一部として、守るべきときに守らなければならない」[1]と述べています。

沈黙の多様な役割

この「総則」の同じ箇所では、ミサの中での沈黙のさまざまな側面について次のように述べています。

> 沈黙の性格はそれぞれの祭儀のどの部分で行われるかによる。回心の祈りのときと祈願への招きの後には、各人は自己に心を向ける。聖書朗読または説教の後には、聞いたことを短く黙想する。拝領後には、心の中で神を賛美して祈る。[2]

沈黙は一つの礼拝行為として、祭儀の流れの中でさまざまな役割を果たしていると理解されています。司祭によって回心の祈りに招かれた会衆は、しばらく沈黙のうちに自らの生活を振り返り、悔い改めるべきことを思い起こして回心の祈りを唱え、ゆるしを願います。また、司式者の「祈りましょう」という祈りへの招きに続く沈黙については、「自分が神のみ前にいることを意識し、心の中で自分の願いを呼び起こすようにするため」とも説明されています[3]。この招きのとき、司式者は手を合わせます。何気ない動作ですが、会衆は「祈りましょう」という招きのことばと、手を合わせて祈る司式者の姿を通して、神のみ前に一つに集まっていることを自覚し、自分の心にある祈りに思いを向けることができるのです。

聖書朗読と説教の後の沈黙は、座る姿勢に伴うものです[4]。ミサのことばの典礼の間の沈黙については、次のように説明されています。

> ことばの典礼は、黙想を助けるように行われなければならない。したがって、内省を妨げるようなあらゆるかたちの性急さをいっさい避けなければならない。……（沈黙によって）聖霊に促され、神のことばを心で受け止め、祈りを通して応答を用意することができる。この沈黙のひとときは、たとえば、ことばの典礼そのものが始まる前、第一朗読と第二朗読の後、そして説教が終わってから適宜取ることができ

る。[5]

告げられる神のことばを深く受け止め、信仰をもってそのことばに応えるために、沈黙は重要な役割を果たします。このように考えると、神のことばが朗読されるとき、できれば手元の聖書や小冊子などを朗読に合わせて黙読するのではなく、心も体も朗読者に向けて内的にも外的にも「聴く」姿勢をとることが大切ではないでしょうか。

そして、聖体拝領（陪餐）の後の沈黙は、神への賛美と結びつけられています。ここでの賛美は、声や行動で表現されるものではなく、内的になされるものです。キリストのからだを受けてキリストと一つになった恵みと、同じキリストのからだを分かち合った他の人々との一致を思い起こし、感謝と喜びに満ちた沈黙のひとときです。

さらに、ミサの前に守る沈黙についても次のように説明されています。

> 祭儀そのものの前にも、聖なる行為が敬虔にかつ正しく行われるためにすべてが整えられるよう、教会堂、祭具室（香部屋）、準備室とそれに隣接する場所では沈黙を守ることがきわめて望ましい。[6]

このような記述があるということは、ミサが始まる前の沈黙が保たれていない現実があるからにほかなりません。教会に来た知人とのあいさつ、司式者や奉仕者の打ち合わせ、奏楽や聖歌の練習などによって、礼拝の前の静寂が保たれていないことがあると思います。よい礼拝を作り上げるためにはこれらも必要なことですが、一同が礼拝に臨む心を整えるための沈黙のひとときを考慮して行われるべきでしょう。

ダイナミックな沈黙と内省的な沈黙

典礼における沈黙について考えるときに思い起こされるのは、ナザレの会堂でイエスがイザヤ書を朗読した後の場面です。

> イエスは巻物を巻き、係の者に返して席に座られた。会堂にいるすべ

ての人の目がイエスに注がれていた。そこでイエスは、「この聖書の言葉は、今日、あなたがたが耳にしたとき、実現した」と話し始められた。（ルカ 4·20–21）

この箇所からは、イザヤ書を朗読した後のイエスを一同が固唾(かたず)を呑んで見守っている様子と、これからどのようなことばがイエスによって語られるのだろうという一同の思いがよく伝わってくると思います。ナザレの会堂でのこの沈黙は、非常に力に満ちた沈黙です。このような外に向かうダイナミックな力を秘めた沈黙とともに、自らの心の深みに向かう内省的な沈黙とを、典礼の中で生かすことを心がけることが大切でしょう。

結びに、典礼における沈黙の重要性について述べた教皇ヨハネ・パウロ2世（在位 1978 ～ 2005 年）のことばを紹介します。

わたしたちが大きな関心をもって自らの共同体ではぐくまなければならない一つの側面は、沈黙の経験です。聖霊の声を心の中によく響かせ、個人の祈りを神のことばと教会の公の声に深く一致させようとするなら、沈黙が必要です。ますます慌ただしい生活を送り、しばしば音によって他の音がかき消され、はかなく消える音で困惑させられる社会では、沈黙の価値を再発見することが不可欠です。瞑想に重点を置く黙想の実践が、キリスト者の礼拝以外でも広まっていることは、偶然ではありません。個々のキリスト者の経験を統合して、沈黙の特別な教育を、教育的勇気をもって始めてはどうでしょうか。わたしたちの目の前に、「起きて、人里離れた所へ出て行き、そこで祈っておられた」（マルコ 1·35）イエスの模範を保ちましょう。さまざまな時とシンボルをもつ典礼は、沈黙を無視することはできません。[7]

1　「ローマ・ミサ典礼書の総則」45。第二バチカン公会議『典礼憲章』30 も参照。
2　「ローマ・ミサ典礼書の総則」45。
3　同 54。
4　座る姿勢については本書 13 頁以下を参照。
5　「ローマ・ミサ典礼書の総則」56。「朗読聖書の緒言」28（日本カトリック典礼委員会編『朗読聖書の緒言』カトリック中央協議会、1998年、22頁）も参照。

6 「ローマ・ミサ典礼書の総則」45。

7 Apostolic Letter of the Supreme Pontiff John Paul II, *Spiritus et Sponsa* (4 Dec. 2003), 13（Congregazione per il Culto Divino e la Disciplina del Sacramenti, *Spiritus et Sponsa: Atti della Giornata commemorativa del XL della "Sacrosanctum Concilium"*, Città del Vaticano 2004, pp. 42–43）（筆者訳）。

第3章　典礼暦

主の日（日曜日）

教皇ヨハネ・パウロ２世（在位 1978 〜 2005 年）は 1998 年の聖霊降臨の主日に『主の日（*Dies Domini*）』という文書を発表し、日曜日の意味を再発見するよう呼びかけました。その結びで次のように述べています。

> この日は、キリスト者が、自らの救いと全人類の救いを祝うよう招かれている日なのです。日曜日は喜びの日であり、休息の日です。それはまさに、この日が「主の日」、つまり復活した主の日であるからです。[1]

主日の大切な側面が表されていることばであると思います。

日曜日は週末？

2020 年以降、新型コロナウイルス感染症の拡大中には、「週末は不要不急の外出を控えましょう」という呼びかけがメディアで繰り返されていました。ここでの「週末」とはどの曜日を想定しているのでしょうか。

NHK 放送文化研究所が 2018 年 11 月に実施した調査によると、週末を「土曜日と日曜日」と考える人は 47％でした。以下、「金曜日の夜から日曜日まで」が 18％、「金曜日と土曜日」が 17％、「土曜日のみ」が 10％と続きます[2]。『広辞苑』（第７版）によると週末は、「一週間の末。土曜日、また土曜日から日曜日へかけていう。近年は金曜日を含めてもいう」とされ、この調査とほぼ重なります。

また、カレンダーは日曜始まりが多いのですが、手帳は月曜始まりを選ぶ人が多いようです。学校や仕事を基準に考えると、そのほうが予定を書き込みやすいのかもしれません。

復活した主キリストの日

日曜日は、新約聖書では当時のユダヤ教の暦に基づいて「週の初めの日」と呼ばれています。キリスト者が、ユダヤ教の安息日ではなくこの「週の初めの日」を自分たちにとって特別な日と考えるようになった時期については、正確なことは分かりません。けれども、空(から)の墓（マタイ 28・1と並行箇所）や復活したキリストと弟子たちとの出会いなどが週の初めの日の出来事であったため、キリストの復活と関連づけられたことは間違いないでしょう。そして、死者のうちから復活した主キリストの日として、「主の日」という呼び方が生まれたのだと思います。

「主の日」は旧約聖書にも新約聖書にも用いられています。旧約の場合は預言書で用いられ、おもに神による裁きの日について言及し（エゼキエル書 30・3、ヨエル書 1・15 など）、新約では、再臨のキリストによる裁きの日を指しています（Ⅰテサロニケ 5・2、Ⅱペトロ 3・10 など)。黙示録 1 章 10 節には「ある主の日のこと、わたしは〝霊〟に満たされていたが、後ろの方でラッパのように響く大声を聞いた」と記されていますが、この「主の日」が日曜日を指すか否かには諸説あり、黙示録が成立した当時（1 世紀末）のキリスト者の間で「主の日」が広く用いられていたのかどうかは定かではありません。

「主の日」が現在の日曜日の意味で使われる明確な例が見られるのは、2 世紀に入ってからです。2 世紀初めの『ディダケー（十二使徒の教え)』はこのように勧めています。

> 主の日ごとに集まって、あなたがたの供えものが清くあるように罪を告白した後、パンをさき、感謝をささげなさい。[3]

ここでは、パンを裂き、感謝の祈りをささげる日曜日の集会を指していることは明らかです。また、アンティオキアの司教イグナティオス（？～110 年頃）は、「マグネシアの信徒への手紙」で次のように述べています。

> それで、古い生き方で暮らしていた人たちが、新しい希望に移り、も

う〔土曜日の〕安息日ではなく、主の日を守って生きるとしたら、わたしたちは、どうしてイエスなしに生きていかれましょうか。主の日に、わたしたちのいのちがイエスを通して、また、その死を通して現れたのです。[4]

イグナティオスは、主の日とキリストの過越とを結びつけて、主の日を守ることについて説明しています。

やがて「主の日」は、西方教会ではラテン語で「ディエス・ドミニ（dies ＝日、Domini ＝主の）」、または「ドミニカ（Dominica）」と呼ばれ、後にイタリア語の "Domenica"、スペイン語の "Domingo"、フランス語の "Dimanche" など、ロマンス語系言語の日曜日の名称となりました。

なお、休日としての日曜日は、ローマ帝国でキリスト教が公認された後、321年3月にコンスタンティヌス1世（在位306～337年）が法令を発布したことにより定着していきます。

太陽の日

一方、ゲルマン語系言語では、英語の "Sunday"、ドイツ語の "Sonntag"、オランダ語の "Zontag" など、「太陽の日（dies ＝日、solis ＝太陽の）」に由来する名称が用いられています。

図：「天地創造のタペストリー」の「太陽の日」（部分）
11～12世紀、ジローナ大聖堂（スペイン）所蔵

日本語も同様ですが、曜日の名称に太陽や惑星の名を用いる習慣は、古代バビロニアや古代エジプトの暦が影響しているようです。太陽を神格化する太陽崇拝や太陽神信仰は、キリスト教以前の古代のさまざまな宗教に見られます。また、太陽や他の惑星の名前で曜

日を呼ぶことには、占星術とのつながりを感じさせます。そのため、初期のキリスト者は日曜日に太陽の名を用いることを控えていましたが、2世紀半ばごろからは「太陽の日」という名称を用いるようになります。殉教者ユスティノス（100頃～165年頃）が著した『第一弁明』（150年ごろ）には次のような記述があります。

> 太陽の日と呼ばれる日に、町や村に住むすべての人が一つ所に集まり、時間の許すかぎり、使徒たちの記録や預言者たちの書が読まれる。……さて、太陽の日に、わたしたちは皆ともに集まる。それは、この日は、神が闇と物質を変えて世界を創造した第一の日であり、この同じ日に、わたしたちの救い主イエス・キリストが死者のうちから復活したからである。[5]

キリスト者たちが「太陽の日」という名称を採用した背景には、来るべき救い主を「義の太陽」（マラキ書3·20）とする預言や、自らを「世の光」（ヨハネ8·12、9·5）と呼んだキリストに基づいて、キリストを光のイメージでとらえたことが影響していると思われます。キリスト者にとっては、キリストこそが、救いの光によって世界を照らすまことの太陽でした。日々の生活に太陽から届く光と熱が必要なように、復活したキリストから注がれる光は、わたしたちの心と体を照らし、温めてくれます。日曜日は、ザカリアが、「高い所から訪れ、暗闇と死の陰に座している者たちを照らす」（ルカ1·78–79）と歌い、シメオンが「異邦人を照らす啓示の光」（同2·32）と歌ったキリストと出会い、キリストに照らされる日、という意味もあるといえるでしょう。

週ごとの復活祭

ビザンティンの教会では、日曜日とキリストの過越の神秘との結びつきを大切にしてきました。この流れをくむロシア語では、日曜日を「復活」を意味する「ヴァスクレセーニェ（voskresseniye）」と呼びます。

日曜日を復活の日と呼ぶのは、キリストの復活が週の初めの日、すなわち日曜日の出来事であったことに由来しています。すでに述べたように空の墓の出来事も、エマオに向かう二人の弟子と復活したキリストとの出会いも（ルカ24・3）、弟子たちのいる家に復活したキリストが現れたのも（ヨハネ20・19）、週の初めの日でした。

聖書全体をラテン語に訳したヒエロニムス（347～419/420年）は、説教の中で次のように述べました。

> 主の日は復活の日です。この日はキリスト者の日、わたしたちの日です。[6]

また、教皇インノチェンチウス1世（在位401～417年）は、書簡の中で次のように記しています。

> わたしたちは主の日を祝います。わたしたちの主イエス・キリストの尊い復活の日だからです。わたしたちは復活祭のときだけでなく、週が繰り返されるたびに祝います。[7]

1年に1度巡ってくる復活祭は祝日の中の祝日とも呼ぶべき祝祭ですが、毎週の日曜日も週ごとに巡ってくるいわば「小復活祭」です。わたしたちは日曜日に集うたびに、キリストの死と復活を記念しているのです。この点は、意外に忘れられているのではないでしょうか。わたしたちの中で、日曜日は、教会に行って説教を聴いたり聖体をいただいたり教会のいろいろな活動に参加したりする日、という側面が強くはないでしょうか。このこと自体は間違いではありませんが、日曜日は、復活した主キリストが今も生きてともにおられることを喜び祝う日であることも、もう少し強調されてよいように感じます。

1　教皇ヨハネ・パウロ2世使徒的書簡『主の日――日曜日の重要性』82（宮越俊光訳、カトリック中央協議会、1999年）。

2　NHK放送文化研究所のウェブサイトの「『週末』っていつ？」を参照（https://www.nhk.or.jp/bunken/research/kotoba/20190201_5.html）。

3　『ディダケー（十二使徒の教え *Didachē*）』14･1（日本カトリック典礼委員会編・監修『毎日の読書 第6巻』カトリック中央協議会、1990年、18頁）。
4　アンティオキアのイグナティオス『マグネシアの信徒への手紙（*Epistula ad Magnesios*）』9･1（同書、46頁）。
5　ユスティノス『第一弁明（*Apologia I*）』67･3, 8（SChr 507: 308–313）（筆者訳）。
6　ヒエロニムス「復活の主日の説教（*In die dominica Paschae*）」52（CCL 78: 550）（筆者訳）。
7　インノチェンチウス1世『デチェンティウスにあてた書簡（*Epistula ad Decentium*）』25･4･7（PL 20: 555）（筆者訳）。

〈図版出典〉
https://www.catedraldegirona.cat/tapis-de-la-creacio/

典礼色（祭色）

基本の5色[1]

キリスト教の典礼では、司式者の祭服や聖書朗読台や説教台などに掛ける布などの色を変えることによって、典礼の季節や祭儀の特徴が象徴的に表されてきました。このように用いる色は「典礼色」「祭色」などと呼ばれています。

初期の時代、典礼色には特別な決まりはありませんでした。おそらく4世紀ごろまでには、洗礼を受けた者に白い衣が与えられたようです。ミラノの司教アンブロシウス（337/39～397年）やエルサレムの司教キュリロス（315頃～387年）は、新信者への講話の中で白い衣について言及しています[2]。また、ヒエロニムス（347～419/420年）も、司教や司祭や助祭たちが当時のミサで白い祭服を着ていたことに言及しています[3]。

5、6世紀以降のモザイクやフレスコ画には、白い祭服だけでなく他の色の祭服も描かれるようになります。けれども、典礼色に関する規則は中世前半には見られませんでした。その後、12世紀のエルサレムで色に関する最初の規則が登場します。当時は黒を待降節やマリアの祝日に用い、3回行われるクリスマスのミサのうち、第一のミサでは黒、第二のミサでは赤、第三のミサでは白が用いられました。中世の人々にとってはこの黒、赤、白の3色が基本的な色となっていたようです[4]。エルサレムの規則によれば、これらに青を加えた四色が基本の色でした。

12世紀末には、教皇インノチェンチウス3世（在位1198～1216年）が「祭壇の聖なる神秘について」（1198年）の中で、白、赤、黒、紫、緑の5色を典礼暦のどのような季節に用いるかについて聖書を参考に説明しています[5]。この5色が、後に西方教会の典礼色として定着しました。

カトリック教会では、トリエント公会議（1545～63年）後の1570年に公布された『ローマ・ミサ典礼書』冒頭の規則（rubric）の中で、基本の5色を用いる基準を定めました。そして、第二バチカン公会議（1962～65年）による典礼刷新後の『ローマ・ミサ典礼書』（1970年）でも、伝統的な5色を典礼色として用いています。ルーテル教会や聖公会においても、多少の違いはありますが、基本的にこの5色が用いられます。以下、現在のカトリック教会の規則に基づいてそれぞれの色について紹介します[6]。

白——神の栄光、神聖、清浄、喜び

キリスト教に限らず古代からの多くの文化や宗教の中で、白は神の栄光、神聖さ、清浄、無垢などを意味する色として親しまれてきました。光やいのちを象徴する白は、闇や死を象徴する黒の対極の色と受け止められました。聖書では、雪のような白さ（詩編51·9、イザヤ書1·18）、「日の老いたる者」の姿（ダニエル書7·9）、変容のときに白く輝くイエスの姿（マタイ17·2など）、イエスの墓で復活を告げた若者の衣（マルコ16·5など）、勝利を得る者が着る衣（黙示録3·4、5·18）、殉教者に与えられる衣（同6·11）、小羊の前にいる人々の衣（同7·9, 13, 14）など、白い色についてたびたび言及されています。

白は、復活節と降誕節、受難の日以外の主の祝祭日、マリアと天使と殉教者ではない聖人の祝祭日、諸聖人（11月1日）、洗礼者聖ヨハネの誕生（6月24日）、聖ヨハネ使徒（12月27日）、聖ペトロの使徒座（2月22日）、

聖パウロの回心（1月25日）に用いられます。また、死者のためのミサや葬儀においても、復活のいのちへの希望を表すために白を用いることが多くなりました。他教派でもほぼ同様の用い方をしています。

赤——聖霊、殉教

赤からは、聖霊降臨のときに集まっていた人々の上にくだった「炎のような舌」（使徒2·3）を思い起こすことができます。また赤は、信仰のために命をささげた殉教者が流した血の色を表します。したがって、赤は、受難の主日（枝の主日）、聖金曜日、聖霊降臨の主日、主の受難に関連した祭儀、使徒と福音記者の帰天日、殉教者の祝日に用いられます。

『ルーテル教会式文』（2001年）では、洗礼、堅信、献堂式、就任式、結婚式では赤を用いることとされています[7]。これらの諸式での聖霊の導きと働きを示すための赤と考えられます。

紫——内省、悔い改め、節制、待望

上記のインノチェンチウス3世の文書によれば、待降節と七旬節（現在の四旬節、レントに相当）には黒を用いていましたが、紫を用いることもでき、トリエント公会議後の『ローマ・ミサ典礼書』でこれらの季節に紫を用いることが定められました。待降節も四旬節も、前者は主の降誕、後者は主の復活という大きな喜びに向けて心を整える期間です。信者はこれらの期間に自らの生活を振り返り、罪を告白し、節制のうちに準備するよう求められました。紫は、降誕祭と復活祭いずれにも用いられる白との対比で用いられてきた色です。

現在も、この伝統に基づいて、待降節と四旬節の典礼色となっています。

黒——死、悲しみ

黒は闇や死を連想させる色です。そのため、中世の教会では上記のように待降節や七旬節に用いられました。また、トリエント公会議後の規定ではキリストの受難と死を記念する聖金曜日にも用いることとなっていました。『ルーテル教会式文』でも聖金曜日に用いる可能性が示されています[8]。

以前のカトリック教会の規定では、死者のための典礼で用いる色でしたが、現在は「習慣のあるところでは」ということばが加えられ、黒以外の色を用いる可能性が示されています。そのため、黒を用いる機会はかなり減りました。

緑——希望、成長、生命

緑は自然の草木の色です。中世ヨーロッパの人々は春から初夏の草木が芽吹く季節に、命の成長を感じたことでしょう。インノチェンチウス3世の文書は緑を「白、黒、赤の中間的な色」と呼んでいます。すでに述べたように、典礼暦の特別な季節には白と赤と黒を用いていたので、これらの季節を除いた通常の季節に用いる色となりました。

現在もこれを受け継いで、待降節・降誕節・四旬節・復活節を除く通常の期間、すなわち年間（Ordinary Time）と呼ばれる季節に用いることとなっています。

その他の色——青とばら色

キリスト教美術では伝統的に、青はマリアを象徴する色として用いられてきました。12世紀のエルサレムでは、黒・紫・青は互換性のある色と考えられており、黒を待降節やマリアの祝日に用いていたことから、この黒に代わって青を用いることもあったようです。19世紀のスペインでは、マリアの無原罪の宿りの祝日に青を用いる習慣がありました。このような実践に基づいて、現在でも青を待降節やマリアの祝日に用いる教派があります。

また、待降節第三主日と四旬節第四主日にばら色を用いる伝統が現在も残っています。これらの日のミサの入祭唱の冒頭のことばに基づいて、前者は「ガウデーテ（Gaudete）の主日」、後者は「レターレ（Laetare）の主日」と呼ばれます。どちらも「喜びなさい」という意味のラテン語です。待降節も四旬節もそれに続く喜びを慎んで待ち望む季節ですが、これら二つの主日はその喜びが近いことを示しています。そのため、落ち着いた紫を少し華やかにしたばら色を用いる習慣があります。

色の多様性を生かす

色は人間生活や文化と深くかかわり、用いられてきた歴史があります。とくに、アジアやアフリカなどの宣教地の諸国には、伝統的なキリスト教諸国とは異なる独自の色の用い方が残っています。このような色の受け止め方の多様性を念頭において、ふさわしい典礼色を選ぶことも可能であると思います[9]。

色は、物体に当たった光の吸収と反射によって生まれ、わたしたちは反射された色をとらえています。したがって、実際の光には物体に吸収された色も含まれています。このことは、わたしたちに注がれている神の限りない恵みとそれを受け止めるわたしたちとの関係を象徴的に表しているとはいえないでしょうか[10]。神から注がれる豊かな恵みのある側面に気づかせる役割を、典礼色は果たしているといえるでしょう。

1 以下は、NWDLW, pp. 120–122 を参照。

2 アンブロシウス『デ・ミステリイス（*De mysteriis*）』7（アンブロジウス『秘跡』熊谷賢二訳、創文社、1963 年、54 頁以下）、エルサレムのキュリロス『秘義教話（*Catecheses mystagogicae*）』4･8（上智大学中世思想研究所編『中世思想原典集成 2 盛期ギリシア教父』平凡社、1992 年、161 頁）参照。

3 ヒエロニムス『ペラギウス派論駁の対話（*Dialogus contra Pelagianos*）』1･29（PL 23: 547）参照。

4 徳井淑子『色で読む中世ヨーロッパ』（講談社、2006 年）32–34 頁参照。

5 インノチェンチウス 3 世「祭壇の聖なる神秘について（*De sacro altaris mysterio*）」I･64（PL 217: 799–802）参照。

6 「ローマ・ミサ典礼書の総則」345–347 参照。

7 日本福音ルーテル教会・日本ルーテル教団共同式文委員会監修『ルーテル教会 式文（礼拝と諸式）』（日本福音ルーテル教会、2001 年）6 頁参照。

8 同書、5 頁参照。

9 「ローマ・ミサ典礼書の総則」346、390 参照。

10 永倉規子「聖書の象徴――色」『ことばとしるし 「聖書と典礼」の手引』108（オリエンス宗教研究所、1987 年）4 頁参照。

アドヴェント・クランツ

待降節に飾られるアドヴェント・クランツ（Adventskranz）あるいはアドヴェント・リース（Advent wreath）は、典礼ではなく信心の一つとして用いられるものです。待降節の主日ごとにろうそくを1本、2本と増やしていくことによって、救い主の誕生を迎える喜びが高まっていくことを表すシンボルとして親しまれています。

由　来

アドヴェント・クランツの由来に関する詳しいことは不明です。冬至に向けて日中が短くなるのに対し、ともし火を少しずつ増やしていくことによって太陽の回帰への期待を高めていくという、異教の習慣が背景にあると思われます。また、常緑樹で作られる輪（クランツ Kranz）にも象徴的な意味があります。ドイツ語の「クランツ」には、花や木の葉を編んで作った花輪や冠の意味があり（ラテン語では corona）、古くから、称賛、崇敬、戴冠を表すしるしでした[1]。また、冬でも緑を失わない常緑樹は神の変わることのない救いの約束を表し、輪はキリストの再臨と神の永遠のみ国の到来への希望を表しています。

図：アドヴェント・クランツ

待降節の習慣として

待降節にこうした民間信仰に由来する習慣が導入されたのは、17～18世紀のドイツであったようです。救い主の誕生を待ち望む待降節の間、キリスト者の家庭での信心として定着し、教会の典礼の中で点灯することも始まりましたが、世界的に広まったのは20世紀になってからのことといわれます[2]。

常緑樹の輪には4本のろうそくを立てます。通常は、救い主の訪れを静かに待ち望む待降節の典礼色[3]である紫、もしくは白のろうそくを用います。また、待降節第三主日にはばら色を用いることができるので、それに合わせて3本目のろうそくをばら色（ローズピンク）にすることもあります。これらは厳密な規則ではなく、輪の中央にもう1本のろうそくを置き、クリスマスを迎えたときに火をともす場合もあります。

北半球の待降節は、冬至に向かって闇の時間が長くなっていく季節と重なります。その闇を明るく照らすように、アドヴェント・クランツにともすろうそくは週ごとに1本ずつ増えていきます。こうして、闇に打ち勝つ救いの光の訪れへの期待を少しずつ膨らませ、来るべき降誕祭に心を向けていくのです。

クランツを祝福する祈り

アドヴェント・クランツは、家庭で用いることのできる待降節のシンボルです。ここで、最初のろうそくに火をともすときの祝福の祈りの例を紹介しましょう[4]。

司式者の招きのことばに続いて、イザヤ書9章1–2, 5–6節、同63章16–17, 19節、同64章2–7節などを朗読します。沈黙の祈りと適当であれば共同祈願（執り成しの祈り）と主の祈りを唱えてから、司式者が次のような祝福の祈りを唱えます。

> 神である主よ、御子イエス・キリストを与えてくださるあなたをたたえて祈ります。御子はインマヌエル、人々の希望、わたしたちを教え導く知恵、すべての民の救い主です。神である主よ、今ろうそくをともすわたしたちを祝福してください。このクランツ（リース）とろうそくの火が、救いを約束してくださったキリストのしるしとなりますように。キリストが、遅れることなく、急いでわたしたちのもとに来てくださいますように。わたしたちの主キリストによって。アーメン。

そして、結びには『讃美歌21』231番「久しく待ちにし」など待降節の賛美歌を歌います。

教会に行くときだけでなく、家庭での夕食のときなどにアドヴェント・クランツに火をともして祈ることによって、待降節の意味をあらためて思い起こすことができるでしょう。

1 K.-H. ビーリッツ『教会暦——祝祭日の歴史と現在』(松山與志雄訳、教文館、2003年) 230–231頁参照。
2 NWDLW, p. 3 参照。
3 典礼色については本書105頁以下を参照。
4 *Catholic Household Blessings and Prayers*, Washington 2007, pp. 73–75 参照。

プレゼピオ(飼い葉桶)とクリスマスツリー

イエスの誕生の場面を示すプレゼピオ(飼い葉桶)とクリスマスツリーは、どちらも典礼で使用することはありませんが、教会や家庭だけでなく一般社会においても、待降節からクリスマスの季節を示すしるしです。

プレゼピオ(飼い葉桶)

ラテン語では“praesaepe”、イタリア語では“presepio”、英語では“crib”や“manger”、ドイツ語では“Krippe”、フランス語では“crèche”など、「(マリアは) 初めての子を産み、布にくるんで飼い葉桶に寝かせた」(ルカ2·7) に基づいて「飼い葉桶」にちなんだことばで呼ばれます。

現在のような人形や模型を用いてイエスの誕生の場面を再現する習慣は、アッシジの聖フランシスコ (1181/1182 ～ 1226年) が1223年にイタリアのグレッチョ (Greccio) で、牛とろばとともにイエスの誕生の場面を再現したことに由来します。上記のルカ福音書では動物については触れられていませんが、キリスト教芸術としてはすでに古代教会の時代から描かれていました。「牛は飼い主を知り、ろばは主人の飼い葉桶を知っている」（イザヤ書1·3）に基づいて、飼い葉桶とともに描かれるのは、牛とろばでした。日本では「馬小屋」と呼ばれることもありますが、聖書的な呼び方とはいえないでしょう。飼い葉桶に横たわる幼子イエスを見守る動物については、降誕祭の聖務日課の朝課でかつて歌われていた《O magnum mysterium》の前半でも言及されています。

図１：飼い葉桶の模型

O magnum mysterium et admirabile sacramentum,
ut animalia viderent Dominum natum iacentem in praesepio.
おお、大いなる神秘、驚くべき秘跡、
飼い葉桶に横たわる生まれたばかりの主を動物たちが見るとは。

ローマ教皇庁典礼秘跡省による指針『民間信心と典礼』では、プレゼピオについて次のように説明されています。

子どもたちが重要な役割を担うその準備は、祈りや主の誕生の聖書物語を読むために家族が集うので、彼らにとってクリスマスの神秘に触れる機会となる。[1]

2019年12月、教皇フランシスコ（在位2013年～）はプレゼピオの意義と価値について説明する書簡を発表しました。教皇はこの書簡で、キリスト者の家庭で受け継がれてきたプレゼピオをしつらえる習慣を奨励し、神のみことばが人となったという受肉の神秘について思い巡らすことの大切さを訴えています。そして、次のことばで書簡を結んでいます。

> 聖フランシスコに倣って、このシンプルな恵みに心を開きましょう。驚きに促され、飾らないことばでの祈りとなるようにしましょう。それは、わたしたちとすべてをともにし、そうすることで決して孤独に捨て置かないと望まれた神への、わたしたちからの「ありがとう」です。[2]

「すくいのみ子は　まぶねのなかに　ねむりたもう、いとやすく」（『讃美歌21』264番「きよしこのよる」より）と歌うとき、神が選んだこの素朴で貧しい飼い葉桶（まぶね）に込められたメッセージを思い起こしたいと思います。

クリスマスツリー

樹木に対する崇敬は多くの宗教に見ることができ、生命力や霊的な力が樹木に宿ることは、古くから民間信仰として広まっていました[3]。冬の寒さの中でも葉を落とさない常緑樹を用いるクリスマスツリーにも、ヨーロッパで受け継がれてきた民間信仰との関連をみることができます。

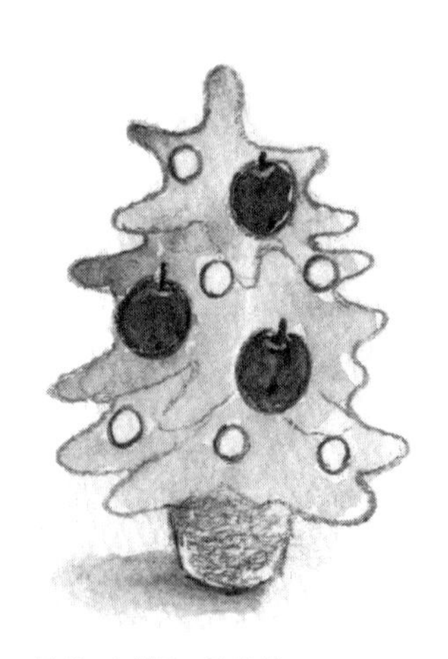

図２：クリスマスツリー

O.クルマン（1902～99年）は、クリスマスツリーの歴史を、木の枝や若枝で家などを飾ってクリスマスの季節を祝う習慣と、樅（もみ）の木に飾り付けを施す習慣という二つの段階に分けることができると説明し、この飾り付けによって、木にキリスト教的な意味づけがなされてきたことを説明しています[4]。すなわち、キリスト論的・救済論的な意味を示すため、樅の木にリンゴを飾り、この木の実（リンゴ）を食べたアダムとエバが罪を犯したことを想起させるとともに、聖餐式で用いるパン（ホスティア）も飾って、人類の罪をあがなうキリストの受肉と過越の神秘が表現されています。

前記の典礼秘跡省の指針『民間信心と典礼』もこのことに言及しています。

> クリスマスツリーは、エデンの園の中央に生えいでた木（創世記2·9）と、キリスト論的な意味を添える十字架の木を思わせる。キリストは真のいのちの木であり、おとめマリアから人間として生まれ、いつも緑で豊かに実る木である。北欧諸国では、木はリンゴとホスティアで飾られる。「贈り物」も飾られるが、ツリーの下に置かれた贈り物の中には、貧しい人への贈り物がなければならない。彼らは、キリスト者のすべての家庭と結ばれているからである。[5]

教会や家庭でプレゼピオやクリスマスツリーを準備するとき、子どもたちにも何らかの役割を担ってもらうことは、クリスマスを迎えるよい準備になると思います。その際、祈りや聖書の朗読やキャロルを歌うことなどを加えることによって、みことばが人となられた神秘に触れる機会にすることができるのではないでしょうか。

1　Congregation for Divine Worship and the Discipline of the Sacraments, *Directory on Popular Piety and the Liturgy: Principles and Guidelines*, 104（Città del Vaticano 2002）（筆者訳）。

2　教皇フランシスコ使徒的書簡「感嘆すべきしるし――プレゼピオの意義と価値について（*Admirabile signum*）」10（『教皇フランシスコ講話集 7』カトリック中央協議会、2020年、342頁）。

3　『新カトリック大事典Ⅲ』249頁参照。

4　O. クルマン『クリスマスの起源』（土岐健治・湯川郁子訳、教文館、1996年）69–111頁参照。

5　*Directory on Popular Piety and the Liturgy*, 109（筆者訳）。

40 日

聖書における「40」

キリスト教ではいくつかの数字に象徴的意味が与えられています。ここでは典礼暦年との関連が深い「40」について考えます。まず、その聖書的な背景から見てみましょう。

旧約でも新約でも、40という数は象徴的に使われています。旧約では、雨が40日40夜続き、洪水が40日間地を覆ったこと（創世記7·12, 17など）、神から十戒を受けたモーセが40日40夜、パンも水も断ったこと（出エジプト記34·28）、イスラエルの民が荒れ野を40年間さまよったこと（民数記14·34–35）、エリヤが40日40夜歩き続けて神の山ホレブに着いたこと（列王記上19·8）などの箇所があります。また新約では、イエスが昼も夜も40日間断食したこと（マタイ4·2、マルコ1·13など）、復活したイエスが40日にわたって人々に現れ、神の国について語ったこと（使徒1·3）などの箇所があります。

このように、使徒言行録以外の箇所は、いずれも苦難や試練を耐え忍ぶことと関連づけられています。聖書において「40」は、日数や年数を表すだけでなく、「その期間の精神的な内容」[1]を示しています。

洗礼準備の断食と回心の40日[2]

2世紀初めの作者不詳の『ディダケー（十二使徒の教え）』では、洗礼を受ける人は、受洗に先立って1日か2日の断食をするよう勧められています[3]。こうした洗礼の準備としての断食は、やがてイエスの荒れ野での40日の断食にならって行われるようになりました。とくにエジプトでは4世紀初めごろからそのような実践があり、1月6日に主の洗礼を祝った後、キリスト者は40日の断食を守り、この断食が終わると洗礼を授ける期間に入ったようです[4]。こうして、洗礼を準備する40日の習慣が定着していきました。

一方、西方教会では、いま述べたようなエジプトでの実践を、復活祭の前に移して受け継ぐようになりました。ローマや北アフリカの教会では、早い時期から、復活祭直前の金曜日と土曜日に断食をする習慣があったため（過越断食）、40日の断食期間を復活祭の前に導入することにはそれほど抵抗はなかったと思われます。

さらに4～5世紀には、罪を犯して教会から離れていた人の和解の式が復活祭直前に行われたので、それに先立つ40日を回心のための期間とする習慣も生まれました。

どのように40日を数えたか

古代キリスト教の時代、日曜日、もしくは日曜日と土曜日の2日間は、断食をしない日と考えられていたため、断食の日数は地域や時代によってさまざまです。ローマでは3週間の断食が守られたようです。また、4世紀末にエルサレムに巡礼をしたエゲリアは、土曜日と日曜日を除いて8週間にわたって断食を守っていたことを伝えています[5]。

また、日曜日を除く月曜日から土曜日までの6日間を断食日としていた地域では、復活祭前の6週間（36日）を断食の期間としており、40日よりも短い期間になっていました。この40日に足りない4日間を補うために、断食期間の開始を土曜日から4日分さかのぼって加え、結果として水曜日から始まることとなり、この日は後に「灰の水曜日」として40日の始まりの日になりました[6]。

40日間の名称とその意味

カトリック教会では伝統的にこの期間を「クアドラジェジマ（Quadragesima）」と呼びます。これはラテン語の「第40番目の」という形容詞に由来し、ロマンス語系の言語はこれに類する名称が多いようです。日本では四旬節と呼んでおり、ルーテル教会でもこの名称が採用されています。英語では「日が長くなること」を意味する“lengten”からこの期間を「レント（Lent）」と呼ぶようになりました。日本のプロテスタント教会ではこの「レント」もしくは「受難節」を用いることが多いようです。また、日本聖公会では「大斎節（たいさいせつ）」と呼んでいます。「斎」には「飲食などを控える」という意味があるためです。正教会でも「斎」を用いて「大斎（おおものいみ）」と呼びます。なおドイツ語では、この期間を “Fastenzeit”、直訳すれば「断食節」と呼んでいます。このように復活祭前の 40 日間には教派によって異なる名称が与えられており、40 日が示す意味をさまざまな側面から表現しているといえるでしょう。

復活祭前の 40 日は、復活祭に洗礼を受ける人の準備期間として整えられ、発展しました。また、すでに洗礼を受けた信者にとっては、自分の洗礼を思い起こすとともに、洗礼志願者のためにも祈り、断食などの節制や回心、愛のわざなどを通して復活祭に備える期間でもあるのです。

1　K.-H. ビーリッツ『教会暦――祝祭日の歴史と現在』（松山與志雄訳、教文館、2003 年）120 頁参照。
2　以下は、同書、119–131 頁、NDSW, pp. 680–685 を参照。断食については次項を参照。
3　『ディダケー（十二使徒の教え *Didachē*）』7 章（荒井献編『使徒教父文書』講談社文芸文庫、1998 年、33 頁）参照。
4　P. F. ブラッドショー『初期キリスト教の礼拝――その概念と実践』（荒瀬牧彦訳、日本キリスト教団出版局、2006 年、34–35、189–191 頁参照。
5　エゲリア『巡礼記（*Itinerarium Egeriae*）』27・1（SChr 296: 256, 258）参照。
6　灰については本書 187 頁以下を参照。

断食（節食）

多くの宗教には、一定の期間、何らかの飲食を控える「断食」「絶食」「節食」といった行為があります。その目的や実践方法は多岐にわたっており、中には、比叡山延暦寺で行われる千日回峰行（せんにちかいほうぎょう）のように非常に厳しい断食を伴うため、生命の危険と隣り合わせの荒行もあります。

キリスト教においては、復活祭前の四旬節（受難節、レント）をふさわしく過ごすために断食や何らかの節制が勧められることがありますが、その受け止め方は教派によって異なっています。

聖書と初代教会における断食[1]

旧約においては、神との出会い（出エジプト記34・28）、罪の悔い改め（サムエル記上7・6、エレミヤ書36・3–9など）、神への嘆願（歴代誌下20・3、ネヘミヤ記1・4など）、死者への哀悼（サムエル記下1・12）などと結びついた断食が伝えられています。また、預言者は真の断食のあり方について、他者への愛の実践（イザヤ書58・6–7）や平和を愛すること（ゼカリヤ書8・19）などを伴う必要があると訴えています。

新約では、イエス自身による荒れ野での40日に及ぶ断食が知られています（マタイ4・1–2、ルカ4・1–2）。典礼暦年の四旬節（レント）は、イエスによるこの40日間の断食と深く結びついて発展してきました[2]。また、イエスは断食をするときのふさわしい心構えについて説いています（マタイ6・16–18、9・14–17）。

ユダヤ教の時代から続く断食の実践は、その後、初代教会に受け継がれ、バルナバとサウロ（パウロ）の派遣（使徒13・2–3）や長老の任命（同14・23）など重要な決定を下す際に断食と祈りが行われました。また、使徒言行録27章9節には「断食日」について言及されています。これはレビ記16章29–31節で規定されている、1年に1度守るべきあがないの日に相当するものです[3]。

古代教会における断食[4]

初代教会から古代教会にかけても、断食の勧めと実践は受け継がれました。たとえば2世紀初めに書かれた作者不詳の『ディダケー（十二使徒の教え）』では次のように命じられています。

> あなたがたの断食は偽善者たちと一緒（＝同じ日）であってはならない（マタイ6・16）。彼らは安息日後二日目（＝月曜）と五日目（＝木曜）に断食するが、あなたがたは四日目（＝水曜）と（安息日の）準備の

日（＝金曜）とに断食なさい。[5]

ここで「偽善者」と呼ばれているのはユダヤ教徒のことで、彼らには月曜日と木曜日に断食をする習慣がありました。これと異なり、キリスト者には水曜日と金曜日の断食が求められています。

また同じ『ディダケー』では、洗礼に先立つ断食についてこのように述べています。

> 洗礼の前には、授洗者、受洗者、また他に誰か可能な人たちがいるならば、（その人たちも共々）断食をなさい。受洗者には、（洗礼に）先立つ一日か二日断食するよう命じなさい。[6]

このような洗礼前の断食は、その後、上記のイエスによる荒れ野での断食にならって 40 日にまで引き延ばされ、やがて四旬節中の断食へと発展していきました。

3 ～ 4 世紀ごろの教会規定を記した『使徒伝承』も、当時の断食についてこう述べています。

> やもめとおとめはたびたび断食して、教会のために祈る。司祭は、望む時に断食をする。信徒も同じようにする。司教は民全体が断食をする日にしか、断食をすることはできない。実際、ささげものをする人がいる場合、（司教は）それを拒むことができないし、また、パンをさく時に司教は必ず（食事を）とらなければならないからである。[7]

ここで注目したいのは、信徒は司祭と同じように自分が望む時に断食を行っていたという点です。当時は、断食に関する明確な規定のようなものはなく、信徒の自主性にゆだねられていたと考えられます。同様のことは、4 世紀末のエゲリアが『巡礼記』の中で伝えています。当時のエルサレムには、四旬節の間、主日に食事をした後、続く 1 週間は食事を控える人々がいました。けれども、この人々の中で食事を控えるのが難しくなった者には、途中で食事をとることが認められており、最終的にどの程度の断食をするかは各自が決めていたようです。エゲリアはこう述べています。

> どれだけ断食するかは、だれにも命じられていません。各々ができる範囲でするのです。十分にした者がほめられることも、少ししかしなかった者がとがめられることもありません。ここの習慣はこのようなものです。[8]

中世以降の断食の受け止め方

中世以降の西方教会では、断食を四旬節や『ディダケー』が勧めるように復活祭の洗礼直前の2日間だけではなく、叙階式や教会奉献式などの前、あるいは四季の斎日（Ember Days）や祈願日（Rogation Days）などにも行う習慣が定着しました。また、毎週金曜日にも断食や肉食を控えるといった習慣が生まれました。このように、断食には、その後に続く祭儀や祝祭をふさわしい心で迎えるための準備としての役割のあることが重視されていきました。

一方、断食には修行的・苦行的側面があるため、やり遂げたときの自己満足や信心深さの誇示、規則の形式的な遵守や濫用などに陥るおそれがあります。したがって、真に回心して神に立ち返る心のしるしという側面が見失われる傾向が生じたことは否定できません。そのため、宗教改革以降、プロテスタント教会はこうした断食とは距離を置くようになりました。

現代のキリスト教における断食

カトリック教会では、1983年に改訂された「教会法」において、断食に関する規定が新たにされました（1249～1253条）。日本では伝統的に「大斎（だいさい）」と「小斎（しょうさい）」と呼んでおり、前者は食事の回数を減らすこと、後者は節制をすることに関する規定です。

すなわち大斎とは、十分な食事は1日に1回だけとし、ほかに朝ともう1回わずかな食事をとることができるという規定です。これは満18歳以上満60歳未満の信者が守ることとされています。一方、小斎とは肉類を控えることですが、各自の判断で償いの他の形式、たとえば愛徳のわざ、信心業、節制のわざをもって代えることができ、満 14 歳以上の信者が守ることとされています。この大斎と小斎を守る日は、四旬節の初日である灰の水曜日とキリストの受難と死を思い起こす聖金曜日です。また小斎は、祭日を除く毎週金曜日にも守られます[9]。

東方正教会には食事を節制する「斎（ものいみ）」の実践があります[10]。一週間のうち、水曜日と金曜日が斎日（ものいみび）にあたります。また、年間では降誕祭の前、復活大祭の前の大斎（おおものいみ）、首座使徒ペトル・パワェル祭（6 月 29 日）の前、生神女（しょうしんじょ）就寝祭（8 月 15 日）の前に斎が置かれています。この斎では、修道院での習慣に基づいて、肉類、乳製品、卵、魚、油、酒などを適宜に控えていきます。

キリスト教が四旬節に行ってきた断食や節制は、信者個人の悔い改めと結びついて霊的養成の一つとして実践されますが、四旬節の節制は、典礼を通して示されていることにも着目したいと思います。カトリック教会の四旬節のミサでは「栄光の賛歌（Gloria）」は歌われず、神への歓呼の叫びである「アレルヤ」はすべての典礼から省かれます。また、オルガンの奏楽は、四旬節第四主日と祭日・祝日を除いて、聖歌を支えるために限られます[11]。さらに、通常は歌われる聖歌や賛美歌を歌わずにゆっくりと唱えて味わったり沈黙に代えたりすることもできるでしょう。四旬節の典礼では、音楽的要素をいわば「節制」して、四旬節が通常の季節とは異なることを示すことができるのではないでしょうか。

1　以下は、『新カトリック大事典Ⅲ』1009–1010 頁を参照。
2　40 日については本書 116 頁以下を参照。
3　フランシスコ会聖書研究所訳注『聖書 使徒行録』（中央出版社、1984 年）221 頁の注 10 を参照。
4　以下は、A. G. Martimort et al. (ed.), *The Liturgy and Time (The Church at Prayer*, Vol. 4), Collegeville 1983, pp. 66–69 を参照。
5　『ディダケー（十二使徒の教え *Didachē*）』8･1（荒井献編『使徒教父文書』講談社文芸文庫、1998 年、33 頁）。
6　同 7･4（同書、33 頁）。
7　『使徒伝承（*Traditio apostolica*）』23（B. ボット『聖ヒッポリュトスの使徒伝承』土屋

吉正訳、オリエンス宗教研究所、1987年、61頁)。
8　エゲリア『巡礼記(*Itinerarium Egeriae*)』28・4(SChr 296: 266)(筆者訳)。
9　「教会法」1251–1253条とこれらに関する日本における施行細則参照。
10　クリメント北原史門『正教会の祭と暦』(群像社、2015年)24–28頁参照。
11　「ローマ・ミサ典礼書の総則」53、62、313参照。

枝の行列

復活祭の1週間前の日曜日は、受難の主日または枝の主日(カトリック教会、ルーテル教会)、復活前主日(聖公会)、棕櫚の日曜日(プロテスタント教会)、聖枝祭(正教会)などと呼ばれ、この日の典礼の初めには、イエスがエルサレムに迎えられる出来事(マルコ11・8–10など)が記念されます。この部分では、参加者がしゅろやオリーブなどの枝(場合によっては花)を手に持って行列する「枝の行列」を行う教派も少なくありません[1]。

聖書におけるなつめやしとしゅろのシンボル

日本では「しゅろ」と訳されることが多い「なつめやし」は、地中海世界やオリエント地方では古代から栽培され、人々の生活と深く結びついた植物です。そして、青々とした葉は勝利や生命のシンボルと考えられてきました。聖書にもこのような理解が受け継がれています[2]。

列王記には、ソロモンの神殿の壁面や扉には神の栄光のしるしとしてなつめやしが彫り込まれたことが記されています(列王記上6・29, 32, 35)。また、なつめやしはその高く真っ直ぐに伸びる姿から、気高さや崇高さの象徴とも考えられました。詩編の作者は次のように歌っています。「神に従う人はなつめやしのように茂り、レバノンの杉のようにそびえます」(詩編92・13)。また、マカバイ記では、エルサレムの要塞が解放されたとき、人々は「歓喜に満ちてしゅろの枝をかざし、竪琴、シンバル、十二絃を鳴らし、賛美の歌をうたいつつ要塞に入った」(Ⅰマカバイ記13・51)と記されています。

新約聖書には、今回のテーマである枝の行列のもととなったイエスのエルサレム入城の出来事がこう記されています。

> その翌日、祭りに来ていた大勢の群衆は、イエスがエルサレムに来られると聞き、なつめやしの枝を持って迎えに出た。そして、叫び続けた。
> 「ホサナ。
> 主の名によって来られる方に、祝福があるように、
> イスラエルの王に。」　　（ヨハネ 12·12–13）

また、なつめやしの枝は殉教した人々のシンボルとして黙示録に記されています。

> この後、わたしが見ていると、見よ、あらゆる国民、種族、民族、言葉の違う民の中から集まった、だれにも数えきれないほどの大群衆が、白い衣を身に着け、手になつめやしの枝を持ち、玉座の前と小羊の前に立って、大声でこう叫んだ。　　（黙示録 7·9–10）

この黙示録のことばに基づいて、北イタリアのラヴェンナにあるサンタポリナーレ・ヌオヴォ聖堂の身廊のモザイクには、聖人や聖女の行列とともにしゅろ（なつめやし）が描かれています。

枝の行列の変遷[3]

福音書に記されたイエスのエルサレム入城は、まさにこの出来事が起きた場所であるエルサレムで、福音書の記述に基づいて典礼の中で実践されました。この典礼の様子を記録した 4 世紀末のエゲリアの『巡礼記』によると、人々は司教とともに復活祭直前の日曜日（受難の主日）の夕刻、オリーブ山の山頂に集まりました。そして、聖書からイエスのエルサレム入城の箇所を朗読した後、大人も子どもも皆がしゅろやオリーブの枝を手

に持って、司教とともに「主の名によって来られる方に賛美」と歌いながら行列し、エルサレムの町にゆっくりと歩いて向かったと伝えられています[4]。

図：枝の行列

このようなエルサレムでの枝の行列の実践は、ガリアやスペインの典礼に7～8世紀に定着し、なつめやしやしゅろの枝が手に入らない場合は他の常緑樹の枝で代用しました。ローマ教会の典礼への導入はさらに遅く11世紀ごろでした。

この枝の行列は、当初は信心業として行う行列の側面が強調されていたといえるでしょう。やがて、復活祭直前の日曜日のミサの冒頭に行われることとなり、典礼の構成要素として定着しました。現在のカトリック教会では、イエスのエルサレム入城の記念は、以下のような流れで行われます。

① 聖堂の外に集合。
② 交唱「ダビデの子イスラエルの王にホザンナ（Hosanna filio David）」の歌唱。
③ 司祭の導入のことば。
④ 枝と会衆を祝福する祈り。
⑤ 主のエルサレム入城の箇所の朗読（A年にはマタイ福音書、B年にはマルコまたはヨハネ福音書、C年にはルカ福音書から）。
⑥ 聖堂への行列と交唱「ヘブライの子らは（Pueri Hebraeorum）」、詩編24、詩編47、王であるキリストへの賛歌「グロリア・ラウス（Gloria laus）」[5]などの歌唱。

そして一同が入堂すると、司祭はミサの集会祈願（collect）を唱え、通常どおりミサが続きます。

主の過越の記念に心を向けて

中世になると、この受難の主日に祝福された枝を信者が家に持ち帰る習慣が生まれ、現在も続いています。かつてはこの枝には、家や畑をさまざまな災いから守ったり、家族を病気から守ったりする、いわば「魔よけ」としての効果があるとみなされたことがあります。現在ではこのような迷信的な信心から枝を保管することは禁じられています。むしろ、救い主である王キリストと、その過越の勝利への信仰のあかしとしての側面が強調されるようになりました[6]。

また、枝を持った信者による行列は、主の過越を記念することに心を向けて行うことが大切です。枝の行列を始めるときの司祭のことばにそのことが表されています。

> 主イエスを、歓呼のうちにエルサレムに迎えた群衆にならって、わたしたちも救い主イエスをたたえながら、主の過越の記念を行うために行きましょう。[7]

イエスを歓呼のうちに迎えた群衆は、しだいにイエスから離れていき、ついには「十字架につけろ」（マタイ 27·22–23 など）と叫ぶことになります。このことは、枝の行列に続くミサの中で伝統的に読まれる受難朗読で明らかにされます。枝の行列に加わる一人ひとりは、このように態度を変えてしまう群衆に自らを重ね合わせることになるのです。かつては「枝の主日」と呼ばれ、祝福された枝をいただける日という印象を与えていたこの日曜日は、現在のカトリック教会の暦では「受難の主日（枝の主日）」と呼ばれて、受難と死に向かっていくキリストを記念することが表されています。

1　行列については本書 42 頁以下を参照。

2　『聖書象徴事典』268–270 頁、『旧約新約 聖書大事典』594 頁参照。
3　以下は、K.-H. ビーリッツ『教会暦――祝祭日の歴史と現在』（松山與志雄訳、教文館、2003 年）132–136 頁、A. G. Martimort et al. (ed.), *The Liturgy and Time* (*The Church at Praye*r, Vol. 4), Collegeville 1983, pp. 70–71, 75 を参照。
4　エゲリア『巡礼記（*Itinerarium Egeriae*）』31（SChr 296: 272, 274）参照。
5　『讃美歌 21』では 308 番「栄光と賛美と誉れ」、309 番「あがないの主に」。
6　Congregation for Divine Worship and the Discipline of the Sacraments, *Directory on Popular Piety and the Liturgy: Principles and Guidelines*, 139（Città del Vaticano 2002）参照。
7　「受難の主日（枝の主日）」8（日本カトリック典礼委員会編『聖週間の典礼』カトリック中央協議会、2023 年、191 頁）。

洗　足

「互いに愛し合いなさい」

福音書の最後の晩餐の場面を比べると、ヨハネ福音書 13 章の記述は、他の三つの共観福音書の記述と明らかに異なっています。世を去る時が近づいたことを悟ったイエスは、弟子たちをこのうえなく愛し抜かれ（ヨハネ 13・1）、彼らの足を洗いました。

> （イエスは）食事の席から立ち上がって上着を脱ぎ、手ぬぐいを取って腰にまとわれた。それから、たらいに水をくんで弟子たちの足を洗い、腰にまとった手ぬぐいでふき始められた。　（同 13・4–5）

そして、足を洗い終わって再び食事の席に着くと、こう語りました。「主であり、師であるわたしがあなたがたの足を洗ったのだから、あなたがたも互いに足を洗い合わなければならない」（同 13・14）。「あなたがたに新しい掟を与える。互いに愛し合いなさい。わたしがあなたがたを愛したように、あなたがたも互いに愛し合いなさい」（同 13・34）。

「洗足」と呼ばれるこの行為は、聖書の時代には「食事前に普通に行われた習慣」[1]であり、客をもてなすための礼儀でした。アブラハムは訪れた主に対して、「水を少々持って来させますから、足を洗って、木陰でどうぞひと休みなさってください」と言っています（創世記 18·3–4）。イエスも当時の習慣をふまえ、弟子たちとの食事の席で彼らの足を洗いました。教会はこの行為を受け継ぎ、「互いに愛し合いなさい」というイエスから与えられた新しい掟を表すしるしとして実践していきます[2]。やがてこの洗足は、「掟」を意味するラテン語の「マンダートゥム（mandatum）」と呼ばれるようになりました。英語の "maundy"（洗足式）、"Maundy Thursday"（洗足木曜日）はこの語に由来しています。

古代教会の洗足式

洗足式に関する古代教会の記録は、ミラノの司教アンブロシウス（337/39～397 年）による『デ・ミステリイス』と『デ・サクラメンティス』と呼ばれる一連の講話にあります。この講話は、復活祭に洗礼を受けたばかりの新しい信者に対して、洗礼式で行われた儀式の意味について説明する「ミュスタゴギア（秘義教話）」と呼ばれるものです。『デ・サクラメンティス』の第三講話ではこう述べられています。

> われわれは、ローマの教会がこの習慣を持っていないということを、知らないのではない。他のすべての点では、われわれは、このローマ教会の模範と儀式に従っている。けれども、ローマ教会は、この洗足の習慣を持っていない。[3]

アンブロシウスは、洗足の習慣がミラノにあってローマにはないことを強調しています。そして、洗足の意味についてはこう述べます。

> 客の足を洗うことは、謙遜の行ないであるが、洗礼のときの洗足は、聖化を意味している。洗足は、一つのミステリウムであって、一つの聖化であるということを聞きなさい。[4]

洗足が一つのミステリウムであり聖化であるという説明から、アンブロシウスは洗足を秘跡（サクラメント）と同等の意味を持つものと理解しているような印象を受けます。こうした入信の儀式と関連づけて行われる洗足は、ミラノ以外の地域でも行われていたようですが、時代の経過とともに入信の儀式の中では行われなくなっていきました。

修道生活の中の洗足

他方、修道生活の中には別の側面から洗足が保たれました。その記録は、西方教会における修道制度を確立したヌルシアのベネディクトゥス（480頃～547/60年）の『戒律』の中に見ることができます。

『戒律』53章の冒頭では、「修道院を訪ねてくる来客はすべて、キリストとして迎え入れなければなりません」[5]と述べて、客を迎えるときの最も基本的な心構えについて教えます。そして、迎えるための具体的な方法について解説する中で、「修道院長は来客の手に水を注ぎます。修道院長そして共同体は、すべての来客の足を洗います」[6]と、来客をもてなす行為として足を洗うことを定めています。

また、修道院の厨房の週間担当者に関する規則の中では、「修友はお互いに奉仕しなければなりません」と述べ（同35·1）、奉仕の実践として、「一週間の勤めを終える者は、勤めを始める者とともに皆の足を洗います」（同35·9）と定められています。

このように、修道院では、旅人や巡礼者などの来訪者への洗足と修道院共同体の仲間への洗足が、愛と奉仕のしるしとして行われ、定着しました。

聖木曜日の洗足

復活祭直前の聖週間（受難週）の木曜日に行う洗足式の記録は、7世紀にまでさかのぼることができ、上記のような修道院での実践の影響を受けています。12世紀にはローマ典礼に正式に導入され、聖木曜日のミサの結びに行うようになりました。そして洗足が行われている間に交唱（アンティフォナ）が歌われました。『ミサ典礼書』（1978年）には、6種類の交唱があり（任意に選択可能)、初めの五つはこの日の主の晩餐の夕べのミサで朗読されるヨハネ福音書 13 章のことばに基づいています。最後の交唱では、信仰、希望、愛の中で最も大いなるものは愛であるという第一コリント書 13 章 13 節のことばが歌われます。かつては、最後の交唱として「ウビ・カリタス（Ubi caritas)」ということばで始まる交唱を歌いましたが、現在のこの日のミサでは、パンとぶどう酒を祭壇に運ぶ行列の間に歌われます。

かつてのカトリック教会の洗足式では、使徒を象徴するように 12 人の男性の足を洗っていました。第二バチカン公会議（1962 ～ 65 年）後は、人数に関する規定はなく、男性信者の足を洗ってきました。しかし、教皇フランシスコ（在位 2013 年～ ）は男性に限るというこの規定を変更することがふさわしいと考え、2016 年に「神の民の中から選ばれた人」という規則に変更されました[7]。なお、洗足式は義務ではなく、司牧的に勧められる場合に行う任意の式という位置づけです。典礼における洗足は、単に聖書の記述どおりに再現するのが目的ではありません。自分を低くしてすべての人に仕える者となったイエスから、愛と奉仕の新しい掟が与えられたことを思い起こすのであるなら、男性に限る必要はなく、人数も自由に決められてしかるべきでしょう。また、信者の足を洗うとき、司式者は図のように姿勢を低くして洗うことになるため、聖堂後方の会衆からは何をしているのかが見えにくくなります。実際の行為が見えなければ、しるしとしての本来の役割は果たせません。聖堂のどの場所で洗足を行えば会衆から見えるかを念頭において準備することも大切です[8]。

図：洗足

1 『旧約新約 聖書大事典』697頁参照。
2 以下、キリスト教の洗足の実践と発展についてはP. Jeffery, *A New Commandment-Toward a Renewed Rite for the Washing of Feet*, Collegeville 1992を参照。
3 アンブロシウス『デ・サクラメンティス（*De sacramentis*）』III・1・5（アンブロジウス『秘跡』熊谷賢二訳、創文社、1963年、99頁）。
4 同III・1・5（同書、100頁）。
5 ベネディクトゥス『戒律（*Regula*）』53・1（『聖ベネディクトの戒律』古田暁訳、すえもりブックス、2001年、212頁）。
6 同53・12–13（前掲書、214頁）。
7 2016年1月6日に発表された教皇庁典礼秘跡省の「教令」による（Congregation for Divine Worship and the Discipline of the Sacraments, Decree *In Missa in Cena Domini*, Prot. N. 87/15, 6 January 2016）。
8 洗足の礼拝の例は、『礼拝と音楽』臨時増刊号『みんなでつくる私たちの礼拝―― 17の礼拝例とアイディア』（日本キリスト教団出版局、2001年）42–43頁参照。

徹夜の祭儀

古代キリスト教を代表する神学者アウグスティヌス（354～430年）はキリストの復活を祝う徹夜の祭儀を「あらゆる聖なる徹夜祭の母」と呼んでいます[1]。キリスト教ではこうした徹夜の祭儀は、とくに重要な祝日の前夜祭のかたちで守られてきました。教派によって歴史と実践は多少異なりますが、クリスマスと復活祭に徹夜の祭儀の習慣が受け継がれています。

主の復活を祝う徹夜祭

古来、キリスト教において最も重要視されてきた徹夜の祭儀は、上記のアウグスティヌスのことばにあるように、主の復活を祝う夜の祭儀です。「腰に帯を締め、ともし火をともしていなさい。主人が婚宴から帰って来て戸をたたくとき、すぐに開けようと待っている人のようにしていなさい。主人が帰って来たとき、目を覚ましているのを見られる僕（しもべ）たちは幸いだ。……主人が真夜中に帰っても、夜明けに帰っても、目を覚ましているのを見られる僕たちは幸いだ」（ルカ 12·35–38）という主のことばに従い、復活した主を目覚めて迎える徹夜の祭儀が守られてきました。4 世紀にエルサレムを訪れたエゲリアは、復活の徹夜祭が自分たちと同じように守られていると報告しており[2]、エゲリアが属していた当時の西方教会でも同様の徹夜の祭儀が行われていたようです。

エゲリアはまた、主日の一番鶏が鳴くころに行われた夜間の祈りについても報告しています[3]。それによると、夜明け前のまだ暗い時刻に、人々が多くのともし火で照らされた復活聖堂（アナスタシス）に集まると、三つの詩編が歌われ、主の復活の朗読が行われました。福音書に基づく主の復活の出来事と同様の時刻に行われるこうした祈りは、主日を小復活祭として祝う習慣の先駆けであったといえるでしょう。

さらにエゲリアは、週日の一番鶏が鳴く前に復活聖堂で行われた祈りについても報告しています[4]。まだ暗いうちに行われたこの祈りには、修道者のような生活を送る人々と非常に早く目覚めて祈ることを望む一部の信者が集まり、賛歌、詩編唱和、祈願から成る典礼が行われました。こうした深夜の祈りは、やがて修道院における聖務日課の「朝課（matutinum）」に受け継がれていきます[5]。

「徹夜」の意味

こうした夜間の典礼は、やがてラテン語で “Vigilia” と呼ばれるようになりました。文字通りの意味は「目覚めて警戒すること」「寝ずの番をすること」です。ここから「徹夜祭」、「徹夜の祈り」、英語で “Vigil” などと呼ばれるようになりましたが、ここでいう「徹夜」は実際に夜を徹して祈ることだけでなく、より幅広い意味で理解されるようになりました。

キリスト教の一日は、ユダヤ教の伝統を受け継いで日没からすでに始まります。したがって、重要な祝日の前日の日没後も “Vigilia” と呼ばれ、前晩のミサ（Missa in Vigilia）をもって祝うようになりました。喜びのうちに祝日を迎えるための準備が前晩から始まっているのです。

現在のカトリック教会では、主の降誕、主の公現、主の復活、聖霊降臨の四つの祭日の前晩に“Vigilia”のミサが準備されています。なお、ここでいう主の降誕の“Vigilia”のミサは12月24日の日没後（暦の上では12月25日）に行われますが、いわゆるクリスマスのミサではありません。クリスマスのミサは、主の降誕の「夜半のミサ（Missa in nocte）」と呼ばれ、多くの教会では12月24日の午後7時～9時ごろに行われますが、「クリスマス・イブのミサ」という名称は用いていません。また、「復活徹夜祭（Easter Vigil）」と呼ばれるミサは、復活の主日のミサの一つで、現在の規定では、復活の主日前日の土曜日の日没前に始めてはならず、また復活の主日の夜明け前に終わるよう定められています[6]。

図：復活徹夜祭

礼拝の時刻が表す意味

カトリック教会で復活徹夜祭と呼ばれる復活の主日のミサは、多くの教会では前日の土曜日の晩、すなわち午後7時か8時ごろから行われますが、中世以降、ミサの時間がしだいに繰り上げられ、1950年代までは聖土曜日の朝に行われてきました。復活徹夜祭は光の祭儀で始まり、復活したキリストを象徴する復活のろうそく[7]の点灯や行列が行われ、行列の中で「キリストの光（Lumen Christi）」ということばが歌われます。しかし、かつては朝にこのミサが行われたため、明るくなってから行われるミサの中では、残念ながら復活のろうそくが本来もっているシンボルとしての意味が力を失っていました。

古代のエルサレムでの実践を見ても分かるように、礼拝の時刻は記念される出来事と深く結びついています。礼拝のために選ばれた特別な時刻にも、象徴的な意味が込められていることを心にとめたいと思います。

1　アウグスティヌス「説教（*Sermo*）」219（PL 38: 1088）。
2　エゲリア『巡礼記（*Itinerarium Egeriae*）』38·1（SChr 296: 290）参照。
3　同 24·8–10（SChr 296: 242–245）参照。
4　同 24·1（SChr 296: 234–237）参照。
5　現在のカトリック教会の聖務日課では「読書（Office of Readings）」と呼ばれ、かつてのように深夜だけでなく、一日のうちいつでも行うことができるように改定された。
6　「復活の主日 復活の聖なる徹夜祭」3（日本カトリック典礼委員会編『聖週間の典礼』カトリック中央協議会、2023年、240頁）参照。
7　復活のろうそくについては次項を参照。

復活のろうそく

復活した主の現存のしるし

一年で最も盛大にキリストの復活が祝われるのは復活徹夜祭（Easter Vigil）です。この祭儀では、通常のろうそくよりも大きい復活のろうそく（Paschal candle, Easter candle）に火がともされます。復活のろうそくは、復活した主キリストがともにいてくださることを表すしるしとして聖霊降臨の主日までの50日間、典礼で用いられます。復活のろうそくを見ることによって、信者はキリストの復活の喜びを新たにし、決して消えることのないまことの光への希望に満たされます。

光の祭儀――火と復活のろうそくの祝福[1]

カトリック教会の復活徹夜祭のミサでは、冒頭に、新しい火の祝福、復活のろうそくの祝福、復活のろうそくの行列、復活賛歌などからなる「光の祭儀」が行われます。こうした式は、4世紀ごろのエルサレムなど東方で夕刻に行われていた「ルチェルナリウム（lucernarium）」と呼ばれる典礼でランプに火をともしたことに由来するといわれます[2]。このような習慣は4世紀末から5世紀ごろにローマ教会に伝えられ、7世紀から復活のろうそくの点灯式が行われました。

光の祭儀ではまず火の祝福が行われます。できれば教会堂の外で火をおこして祝福し、この新しい火を用いる主の過越の祭儀を通して、一同が「新しい希望に燃え、清い心で永遠の光を受ける」ことができるよう司祭は祈ります。そして、この祝福された火を使って復活のろうそくをともします。

図1：復活のろうそくに描かれる十字架、アルファとオメガ、年号

復活のろうそくの祝福は任意で行われますが、以下のような象徴的で少々複雑な内容で構成されています。司祭は、先の尖ったものを用いて、復活のろうそくに十字架のしるしを刻み、十字架の上にギリシア文字のアルファAを、下にオメガΩを、さらに十字架の横木の上下に、その年の年号を示す四つの数字を刻み込みます。十字架もアルファもオメガ（黙示録21·6など）もキリストのシンボルであることはいうまでもありません。このとき、司祭は次のように唱えます。

キリストは、きのうときょう（十字架の縦木を刻む）
はじめと終わり（横木を刻む）
アルファと（縦木の上に刻む）
オメガ（縦木の下に刻む）
時間も（第一の数字を左肩に）
永遠も、かれのもの（第二の数字を右肩に）
栄光と支配はかれに（第三の数字を左隅に）
世々とこしえに。アーメン。（第四の数字を右隅に）

さらにこの後、司祭は「その聖なる栄光ある傷によって、わたしたちを支え、守ってくださる主キリスト。アーメン」と述べながら、キリストの受けた傷を示すように、復活のろうそくに刻んだ十字架の縦木と横木の両端、および縦木と横木が交差する部分の合計5箇所に香の粒を付けることもできます。そしてこれらを終えてから、「輝かしく復活したキリストの光が、心のやみを照らしますように」と唱えて復活のろうそくに火をともします。

復活のろうそくがキリストのしるしであることを表すこうした一連の式は、7世紀以降のスペインやガリアの典礼の影響を受けて導入されたものといわれます。

光の祭儀——行列と復活賛歌[3]

続いて、助祭または司祭が火をともした復活のろうそくを高く掲げて行列の先頭を進み、照明を消した聖堂に入堂し、祭壇に向かいます。祭壇前に着くまでの行列の間、助祭は3回立ち止まり、「キリストの光」と呼びかけ、会衆は「神に感謝」と答えます。また、この行列のとき、会衆がろうそくを持っているなら、復活のろうそくから火をとって各自のろうそくに火を受け渡し、復活したキリストの光が聖堂全体に広がって、一同が復活したキリストに結ばれていることが表されます。

図2：復活のろうそくを掲げた入堂行列

祭壇に着くと、祭壇の前もしくは聖書朗読台の脇に復活のろうそくを立て、復活賛歌が歌われます。復活賛歌は冒頭のことばから「エクスルテット（Exsultet）」とも呼ばれ、復活のろうそくの象徴的意味を表す内容の賛歌です。こうした光を賛美する賛歌は4世紀末以降、複数作られ、最も広く用いられている詞は8世紀のものと考えられています。

復活賛歌は、「神の使いよ」「まばゆい光を浴びた大地よ」「母なる教会よ」と、天と地のすべてのものが神の救いのわざを賛美し、罪と死の闇に打ち勝ち復活したキリストをたたえるよう呼びかけて始まります。続いて、「この夜」ということばを繰り返し、エジプトを脱出したイスラエルの民が、神の火の柱の輝きに照らされていた（出エジプト記13・21, 22）という旧約の過越の出来事が、「この夜」荘厳に記念される新約の過越であるキリストの死と復活の予型であったことが告げられます。そして結びで、暗闇に輝く復活のろうそくが復活したキリストのしるしであることを次のように力強く宣言します。

> 聖なる父よ、天と地、神と人とが結ばれたこのとうとい夜、あなたの教会が奉仕者の手を通してささげるこのろうそくを、賛美のいけにえとしてお受けください。
> このろうそくが絶えず輝き、夜のくらやみが打ちはらわれますように。
> その光は星空にとどき、沈むことを知らぬ明けの星、キリストと一つに結ばれますように。
> キリストは、死者のうちから復活し、人類を照らす光。
> 世々に至るまで。アーメン。[4]

このように、復活のろうそくは、死に打ち勝って復活したキリストを表すシンボルですが、神による救いの歴史全体を思い起こさせるしるしでもあることが分かります。

洗礼式や葬儀での使用

古代教会の習慣にならい、復活徹夜祭の中で洗礼式が行われる場合、救いの歴史における水の働きを思い起こす水の祝福のとき、復活のろうそくを水に浸して祈る習慣があります[5]。そして、洗礼を授与した後、復活のろうそくから火をとって受洗者が持つろうそくをともし、キリストの光を世界に輝かす者となるよう祈ります[6]。

復活のろうそくは、聖霊降臨の主日までの復活節の期間中、典礼でともされ、復活したキリストがともにいることを表します。そして復活節が終わると洗礼盤や洗礼槽の近くに置かれます。また、葬儀のときは棺の近くに置いて、亡くなった信者の生涯にキリストがいつも寄り添い、神に至る歩みを照らすともしびであったことが示されます。

1　以下は、「復活の主日　復活の聖なる徹夜祭」7–12（日本カトリック典礼委員会編『聖週間の典礼』カトリック中央協議会、2023年、240–243頁）、R. Berger, *Pastoralliturgisches Handlexikon*, Freiburg - Basel - Wien 2013, p. 317を参照。

2　エゲリア『巡礼記（*Itinerarium Egeriae*）』24･4（SChr 296: 238）参照。

3　以下は、「復活の主日　復活の聖なる徹夜祭」13–18（日本カトリック典礼委員会編、前掲書、243–247頁）を参照。

4　復活賛歌は『典礼聖歌』342番参照。

5　K.-H. ビーリッツ『教会暦――祝祭日の歴史と現在』（松山與志雄訳、教文館、2003年）155頁参照。

6　復活節以外のときに行われる成人もしくは幼児の洗礼式においても同じように復活のろうそくを用いる。

8日目・8日間

「8」――新しい始まり、復活

キリスト教では、数字の「8」は新しい始まりを表す数と考えられてきました。その根拠の一つは、聖書に見られる「8」にまつわる記述です。

アブラハムは息子イサクに、神が命じられたとおり8日目に割礼を施しました（創世記21･4）。これに従い、イスラエルの男子は皆、生まれて8日目に割礼を受けることとなり、イエスの両親も8日目に幼子に割礼を受けさせ、イエスと名づけました（ルカ2･21）。

また、洪水の後に助かった人はノアを含めて8人でしたし（創世記7･13、Ⅰペトロ3･20）、エッサイの息子のうち油を注がれたのは末の子で8番目のダビデでした（サムエル記上16･10–13）。

イエスの復活は週の初めの日の朝早くの出来事でした（マルコ16･2など）。この週の初めの日は、週の7日目である安息日の翌日、すなわち一つ前の週の初めの日から数えると「8日目」に当たっています。初期のキリスト者はこれに基づいて、「8」に新しいいのち、復活の意味を与え、やがてキリストの過越を祝う主の日（日曜日）を「8日目」と呼ぶようになりました[1]。1世紀末もしくは2世紀前半に書かれたとされる『バルナバの手紙』という文書には、「わたしたちも、イエスが死人の中から復活し、（人々に）あらわれて、天に昇った第八日を祝うのである」[2]という記述があります。

古代のキリスト者のこうした8日目の理解について、典礼学者J. A. ユングマンは次のように述べています。

> キリスト教徒は、週がサバトで終わるという見方を避け、サバトを週の頂点とは考えたがらなかった。サバトも旧約のあらゆる秩序も、日曜日と新約の救いの計画に克服され、とって代わられた。神はこの世界を6日間で創造し、サバトに休んだ。ところが日曜日に神は業を続け、終末へともっていく。キリストの復活の日曜日をもって、神は新しい創造を始めた。[3]

このように、日曜日を週の8日目と位置づけ、そこに新しい創造、終末の完成のときの新しい天と地を重ねて理解することは、古代の教父たちに受け入れられていきました[4]。

復活の8日間

キリスト者は3～4世紀ごろから、復活祭に続く1週間、すなわち復活の主日から次の主日までの8日間を、主の復活をとくに盛大に祝う週として位置づけました[5]。

4世紀末ごろからは、この8日間に新たな役割が加わります。復活徹夜祭に洗礼を受けた新しい信者のために、司教を通して8日間にわたる信仰教育が施されるようになったのです。これは「ミュスタゴギア（mystagōgia）」「秘義教話」などと呼ばれ、復活徹夜祭に受けた洗礼や初めて受けた聖体の秘跡（サクラメント）の理解を深めるために行われました。この時代の代表的な秘義教話としては、エルサレムの司教キュリロス（315頃～387年）、ミラノの司教アンブロシウス（337/39～397年）、ヨアンネス・クリュソストモス（340頃～407年）らの教話が残されています。

またこの8日間を通して、新しい信者は白い衣を着ていたため、この週は「白衣の週」と呼ばれました。そして彼らは、復活の主日から8日目である次の主日に白衣を脱ぐことから、この主日を「白衣の主日」と呼ぶ習慣も生まれました。カトリック教会ではこの名称を20世紀半ばまで用いていました。

また古代教会以来、キリスト者の入信が行われる洗礼堂や洗礼盤[6]には、8角形のものが少なくありません。これは、「8」という数のシンボルをふまえ、洗礼によってキリストの復活にあずかり、新しいいのちに生まれることを表しています。

図：8角形のラテラン洗礼堂（ローマ）、5世紀半ば

他の8日間とその後の歴史

こうした8日間は「オクタヴァ（octava）」と呼ばれます。これは、「第八の」を意味するラテン語の形容詞 “octavus” に基づいています。

中世の教会では、たとえば主の降誕、主の公現、主の昇天、聖霊降臨などに8日間の祝いが加えられました。こうした8日間が加えられることによって、特定の祝祭日は盛大に祝われ強調されるようになりました。しかし、本来の典礼暦の流れが損なわれることにもなりました。カトリック教会ではその後もこの8日間を守り続けてきましたが、1955年に8日間の祝いを簡素化する方針が発表され、主の降誕、主の復活、聖霊降臨のみに8日間が残されました。さらに、第二バチカン公会議（1962～65年）による典礼刷新により、聖霊降臨の8日間が廃止され、現在は主の降誕と復活の8日間のみが残っています。

こうした特定の祝祭日の8日間の祝いについては、教派によっても受け止め方が異なります。むしろ、毎週の日曜日は週ごとに祝うキリストの過越祭であり、小復活祭として理解することが大切です。初期のキリスト者たちのように、キリストが新しいいのちに復活したことを8日目ごとに思い起こし、終末への待望を新たにすることを意識してはいかがでしょうか。

1　主の日については本書100頁以下を参照。
2　『バルナバの手紙（*Epistula Barnabae*）』15･9（荒井献編『使徒教父文書』講談社文芸文庫、1998年、74頁）。
3　J. A. ユングマン『古代キリスト教典礼史』（石井祥裕訳、平凡社、1997年）35–36頁。
4　教皇ヨハネ・パウロ2世使徒的書簡『主の日――日曜日の重要性』26（宮越俊光訳、カトリック中央協議会、1999年）参照。
5　K.-H. ビーリッツ『教会暦――祝祭日の歴史と現在』（松山與志雄訳、教文館、2003年）165–167頁参照。
6　洗礼盤については本書223頁以下を参照。

〈図版出典〉
Dnalor 01, CC BY-SA 3.0 AT <https://creativecommons.org/licenses/by-sa/3.0/at/deed.en>, via Wikimedia Commons

第4章　祭　服

アルバ

奉仕者に共通の祭服

礼拝における祭服の着用は教派によって異なっています。祭服には、祭儀の荘厳さや祝祭性を高めること、奉仕者の役割を象徴的に表すこと、共同体を代表する奉仕者の公的な役割を表すこと、などの目的があります[1]。

祭服の中で、すべての奉仕者に共通の祭服として用いられるのがアルバ（alba）です。アルバは、ラテン語で「白い」という意味の形容詞「アルブス（albus）」に由来しています。文字通り白い布で作られ、奉仕者の首から足首の辺りまでほぼ全身を覆う、袖のある祭服です。動きやすいようアルバの腰の辺りにチングルム（シンクチュアー）を締めることがあります。また、首の周りの平服がアルバで隠れない場合は、首の周りをアミクトゥス（アミス）で覆ってからアルバを着ます[2]。

図 1：アルバ

白い衣——聖性や清らかさの象徴

新約聖書で白い衣は、聖性や清らかさ、天的な存在を表しています。主の変容のときにイエスの服は真っ白に輝きました（マルコ 9･3）。イエスの墓を訪れた女性たちに主の復活を告げる若者は白い衣を着ており（同 16･5）、同じように白い服を着た 2 人の人物が、イエスの昇天のとき使徒たちのそばに立っていました（使徒 1･10）。黙示録では、勝利を得た者（黙示録 3･4–5）、24 人の長老（同 4･4）、殉教者（同 6･11）、玉座と小羊の前に立つ大群衆（同 7･9, 13–14）などが白い衣をまとっています。

古代教会では、復活徹夜祭で洗礼を受けた人は白い衣を身に着け、続く

1週間、司教による秘義教話（ミュスタゴギア）を聴く習慣がありました。この白い衣は、洗礼によって新しいいのちを受け、罪から清められた者であることのしるしでした。

アルバの変遷[3]

キリスト教の祭服の多くは、古代のギリシアやローマ社会での服装の影響を受けています。アルバは、ラテン語でトゥニカ（tunica）、ギリシア語でキトン（chiton）と呼ばれる長い衣に由来しています。この衣には、膝の辺りまでの短いものと足首の辺りまでの長いものがあり、とくに後者が祭儀で用いるアルバとなりました。

古代のローマでは、袖付きの衣は異民族の服装に似ていることから敬遠されていたようですが、皇帝アウレリアヌス（在位270～275年）の時代以降、袖の付いた衣が受け入れられていったといわれます[4]。

典礼で丈の長い白い衣（アルバ）の使用が定着するのは、キリスト教がローマ帝国で公認された後、4世紀後半から5世紀のころです。アレクサンドリアの司教アタナシオス（295頃～373年）の名を冠する「規定（Canon）」では、「祭儀を行うときに司祭が着る服は、白色で、清潔であること」[5]とされています。また、589年に南フランスのナルボンヌで開かれた教会会議では、「助祭や副助祭、また朗読者も、ミサが終わる前にアルバを脱ごうとしてはならない」[6]と定められました。

この時代以降に定着したアルバは、当時のモザイク画などからも確認することができます。たとえば、北イタリアのラヴェンナにあるサン・ヴィターレ聖堂のモザイク（6世紀前半）には、アルバを着た複数の人物が描かれています。図2の右から3人目のマクシミアヌス大司教はアルバの上にカズラ（チャズブル）を着ており、カズラの上には大司教が用いるパリウムと呼ばれる白い布を肩から掛けています[7]。マクシミアヌス大司教の右側には2人の奉仕者が立っています。すぐ右隣の奉仕者は福音書を、いちばん右の奉仕者は香炉を持っており、2人とも首から足首の辺りまでの丈の長いアルバを着ています。

11世紀ごろになると、ミサ以外の祭儀では膝ぐらいまでの短めのアル

図２：皇帝ユスティニアヌスと従者たちのモザイク
サン・ヴィターレ聖堂（ラヴェンナ）、６世紀前半

バを着る習慣が生まれ、これはスルプリ（サープリス）[8]の原型となりました。

かつてアルバは、カズラやストラ（ストール）[9]など司式者の役職を明らかにする祭服の下に着る物と理解されていました。カトリック教会では第二バチカン公会議（1962～65年）以降、初めに述べたように典礼での奉仕者に共通の基本的な祭服として位置づけられ、他の諸教派でも同様の理解のもとにアルバが用いられています。

1　カンバーランド長老キリスト教会日本中会礼拝書特別委員会編『神の民の礼拝――カンバーランド長老キリスト教会礼拝書』（一麦出版社、2007年）283頁参照。
2　「ローマ・ミサ典礼書の総則」336、A. フリューラー『新しい祭服』（林良子訳、南窓社、1966年）78–84頁参照。アミクトゥスとチングルムについては本書151頁以下を参照。
3　以下は、NWDLW, p. 467を参照。
4　NDSW, p. 1306参照。
5　アレクサンドリアのアタナシオス「規定（Canon）」28（L. J. Johnson, *Worship in the Early Church Vol. 2*, Collegeville 2009, n. 2435）（筆者訳）。
6　ナルボンヌ教会会議「規定（Canon）」12（CCL 148A: 256）（筆者訳）。

7　カズラについては次項を、パリウムについては本書158頁以下を参照。

8　スルプリとは、聖職者や奉仕者などがカソック（長袖で、足元まで全身を覆う黒や紫の長い服。スータン）の上に着る、膝ぐらいまでの丈の白い祭服。「短白衣」と訳された。

9　ストラについては次項を参照。

〈図版出典〉
図２　Roger Culos, CC BY-SA 3.0, via Wikimedia Commons

ストラとカズラ

典礼での役割を表す祭服

ストラ（ストール）もカズラ（チャズブル）も、典礼を司式する者が用いる祭服に分類されます。どちらの祭服も、典礼での役割・職務を表すシンボルの役割を果たしています。たとえばカトリック教会では、ストラもカズラも叙階の秘跡を受けた者が着用する祭服で、ストラは司教・司祭・助祭が用い、カズラは司教と司祭が用います[1]。また通常、ストラもカズラもその日の典礼色[2]のものを用います。

ストラ[3]

ストラは、肩あるいは首に掛けて胸の前に垂らして着用する帯状の祭服です。「ストラ（stola）」というラテン語は、「衣服・礼服」を意味するギリシア語の「ストレー（stolē）」に由来します。古代ローマでは女性が身に着ける長い衣をストラと呼んでいました。

キリスト教の祭服として用いるようになった起源についてははっきりしませんが、ラテン語のストラという名称は９世紀ごろから一般に用いるようになり、それ以前はラテン語で「オラリウム（orarium）」（「手や口を拭う布」の意味）と呼ばれていました。正教会では、輔祭（ほさい）（西方教会の助祭・執事に相当）が肩に掛ける帯状の祭服を「オラリ」あるいは「オラリオン」

と呼んでいます。

西方教会でのストラの着用に関する規則は、6～7世紀ごろから残されています。たとえば、633年の第四トレド教会会議では、司教・司祭・助祭がオラリウムを着用することとしています[4]。その後、ストラという名称がしだいに用いられ、上述したように9世紀ごろから定着しました。

ストラの着用の仕方は教派によって異なります。現在のカトリック教会では、司教と司祭は首の後ろに掛け、両肩から胸の前に垂らします。司祭は、かつては胸の前で交差させていましたが、現在は交差させません。助祭は左肩から胸の前を斜めに掛けて右の腰まで伸ばして固定します[5]。そして司祭叙階式の中で、助祭は初めて司祭のように両肩から掛けるかたちで着用します。ストラは、アルバの上に着用し、その上に司教と司祭はカズラを、助祭はダルマティカを着用します[6]。聖公会でも聖餐式などサクラメントの典礼では、主教・司祭・執事はストールを用いますが、朝夕の礼拝などのときは、ストールではなく、首から胸の前にスカーフと呼ばれる黒い祭服を掛けます。

なお、ローマ教皇と管区大司教は、典礼の際にはストラのほかにパリウム（pallium）と呼ばれる白い帯状の布を首に掛けます[7]。これは、ローマ教皇と管区大司教との交わりを象徴するものです[8]。

カズラ[9]

カズラ（casula）は、カトリック教会でミサを司式する司教と司祭が最も外側に着る、袖のない祭服です[10]。聖公会でも同じように主教・司祭が聖餐式のときにチャズブルを用います。また、正教会の祭服でカズラに相当するのは「フェロン」または「フェロニオン」と呼ばれる司祭用の祭服で、いちばん外側に着用します。いずれも着る者の体を覆うような形状であることから、司式者が神の愛と恵みに包まれていることを表す祭服ということができます。

この祭服は、ローマ時代に性別や身分を問わずに用いられていた外套に由来します。半円形の布、あるいは四分円の布2枚を縫い合わせて円錐形にして、中南米で用いるポンチョのように頭を通す穴を開けるか、マント

図１：
ストラとカズラの
着用例
左からミサ司式者、
司祭叙階前の助祭、
司祭叙階後

のように体を覆って胸の前で留めて着ていたようです。その後、前者の形のものがラテン語で「小さな家・小屋」を意味する「カズラ（casula）」と呼ばれるようになりました[11]。

典礼での使用に関する規定は、上記のストラと同じように633年の第四トレド教会会議に見られ、司教と司祭が着用することが求められました。その後、司式者が会衆とともに東を向いてミサを司式するようになると、会衆から見えるカズラの背中側に十字架などのキリスト教的シンボルが装飾として施されました。

また、中世の時代のミサでは、司式者は会衆と一緒に東を向いてミサを司式していたので、聖別されたパンとぶどう酒を頭上に高く掲げて会衆から見えるようにする必要がありました[12]。全身を覆うようなカズラでは腕を上げるためには不便だったため、腕が触れる部分を切り落として腕を動かしやすくした形のカズラも作られるようになりました。

第二バチカン公会議（1962～65年）以降、カトリック教会では、単なる豪華さではなく高貴な美しさを念頭において祭服や祭器を作るようになりました[13]。そのため、かつてのような華やかな装飾を施した重いカズラではなく、品位を保ちながらも軽めの生地で作られ、装飾を控えめにしたり腕を動かしやすくしたりして、機能的なカズラが多く見られます。

図2：
デンマーク・ハザスリウ大聖堂（ルター派）で、
三位一体節（聖霊降臨節）に用いられている
緑色を基調としたカズラ。
前面には「ルターの紋章」（バラの中に心臓と
十字架が配された意匠）があしらわれている。
この紋章と背面のバラのピンク色が、
緑色の布地に鮮やかに映える。
デンマーク女王マルグレーテ２世によるデザイン。

また、カズラを着るとその下に着たストラが隠れてしまうことから、最も下に着るアルバとカズラを合わせて一つにした祭服（アルバ－カズラ）が作られ、その上にストラをかけることもありました。本来はミサを共同司式する司祭が着用することを想定していた祭服ですが、ミサを主司式する司祭もカズラのかわりにこのような祭服を着用することが増えていきました。祭服を二重に着なくてもすむということから重宝されましたが、こうした簡略化は、シンボルの意味を弱めてしまうことになり、望ましくない傾向であったといわざるをえません。現在では、カズラ本来の意味を大切にして、こうした祭服はあまり作られなくなりました。

1　助祭は固有の祭服としてダルマティカを着用する。ダルマティカについては本書154頁以下を参照。
2　典礼色については本書105頁以下を参照。
3　以下は、NDSW, pp. 1309–1310、A. フリューラー『新しい祭服』（林良子訳、南窓社、

1966年）101–105頁を参照。
4　第四トレド教会会議（633年）の「規定」28（MaC 10: 627C）参照。
5　「ローマ・ミサ典礼書の総則」340参照。
6　同337、338参照。アルバについては本書144頁以下を参照。
7　パリウムについては本書158頁以下を参照。
8　「教会法」437条参照。
9　以下は、NDSW, pp. 1308–1309、A. フリューラー、前掲書、90–100頁を参照。
10　「ローマ・ミサ典礼書の総則」337参照。
11　外出時に着るマントと類似しているため、ギリシア語の“planētēs”（さまよう者）を語源とする「プラネタ（planeta）」とも呼ばれた。ローマ典礼では現在も、カズラとプラネタを併記して残している（「ローマ・ミサ典礼書の総則」119、209、337参照）。
12　この「高挙」という動作については本書166頁以下を参照。束については本書228頁以下を参照。
13　第二バチカン公会議『典礼憲章』124参照。

〈図版出典〉
図2　https://www.hado.dk/kirkerne/hm-dronning-margrethe-iis-altertekstiler/det-groenne-altersaet

アミクトゥスとチングルム

司式者や奉仕者が着用する祭服のうち最も基本となるのは「アルバ」です[1]。このアルバを着用するとき、あわせて用いられる祭服がアミクトゥス（アミス amice）とチングルム（シンクチュアー cincture）です[2]。

アミクトゥス[3]

アミクトゥス（amictus）は「覆う、包む」という意味のラテン語“amicire”に由来します。「肩布」や「肩衣」などと訳されたことから分かるように、肩や首の周りを覆うために典礼で用いられます。

長方形の白いリネン（亜麻布）で作られ、長辺の両端に2本の平たい紐が付いています。首の後ろから肩と首の周りを覆い、胸の前で紐を交差さ

図1：アミクトゥスの装着例

せてから背中に回し、さらにそれを腰から前に戻して両端を結んで止めます。司祭だけでなく、助祭や他の奉仕者も典礼のときに着用します。

西方教会の典礼で最初にアミクトゥスが用いられたのは8世紀になってからです。アルバを着たときに首の部分から日常の服を見えないようにするため、また他の祭服を汗による汚れから守るため、という実用的・機能的な役割がありました。初めはアルバの後に着用していましたが、10世紀ごろから男性の長髪が一般的になると変化が見られます。奉仕者はまずアミクトゥスを後ろから被って頭部を覆い、その後に他の祭服を着て、それからアミクトゥスを首の後ろに下ろしてフードのようにして髪をまとめていたようです。

アミクトゥスはこのように実用的な側面が強い祭服といえますが、キリスト教的な意味としては、エフェソ書6章17節の「救いを兜としてかぶり」ということばから、悪と戦う象徴と理解されました。かつて司祭がアミクトゥスを着けるときに唱えていた、「神よ、救いの兜をわたしの頭に置いてください。悪魔の攻撃に打ち勝つことができますように」という祈りにそのことが表されています。

現在のローマ典礼では、「アルバが首の周りの平服を覆うのでなければ、アルバを着用する前に首の周りにアミクトゥスを着ける」[4]という規定があります。したがって、アルバの首の部分が日常の服装を完全に覆ってしまうのであればアミクトゥスの着用は義務づけられていません。

チングルム[5]

チングルム（cingulum）は「帯を巻く、帯を締める」という意味のラテン語 “cingere” に由来します。チングルムはこの意味のとおり、奉仕者がアルバの上から腰の部分を締める紐として用いられます。アルバは首から足元までを覆う、ゆったりとした祭服です。そのため、アルバの腰の部分をベルトのように締めて、奉仕者が動きやすくする機能があります。

8世紀ごろから用いられており、司祭だけでなく他のすべての奉仕者が典礼で用いることができます。幅の広い帯のような形のものもありましたが、現在はウールなどで作られ、両端には房（タッセル）を付けたり、両端を結んで瘤（こぶ）を付けたりした紐の形状のものが一般的です。色は白のほか、季節に応じた典礼色[6]を用いることもあります。

図２：チングルムの装着例

チングルムは、パウロが述べる「霊の結ぶ実」のうちの節制（ガラテヤ5·23）のしるしとみなされてきました。また、「いつでも心を引き締め、身を慎んで、イエス・キリストが現れるときに与えられる恵みを、ひたすら待ち望みなさい」（Ｉペトロ1·13）と関連づけて、チングルムを着けるときには、かつては次のような祈りを唱えていました。「神よ、純潔の帯でわたしを縛り、欲望の火をわたしの心から消し去ってください。節制と貞節の徳がわたしのうちにとどまりますように」。このように、チングルムには節制や貞潔などのシンボルとしての意味が与えられました。

現在のローマ典礼では、チングルムに関しては、「アルバがチングルムなしでも体に合うように作られているのでなければ、腰の周りをチングルムでしばる」[7]という規定があります。したがって、上記のアミクトゥスと同じように、アルバの形状に応じて使用するか否かを決めることができます。

1　アルバについては本書144頁以下を参照。
2　「ローマ・ミサ典礼書の総則」119、A. フリューラー『新しい祭服』（林良子訳、南窓社、1966年）85–89頁参照。
3　以下は、NDSW, p. 1310、NWDLW, p. 467を参照。
4　「ローマ・ミサ典礼書の総則」336。
5　以下は、NWDLW, p. 467を参照。

6　典礼色については本書 105 頁以下を参照。
7　「ローマ・ミサ典礼書の総則」336。

ダルマティカとカッパ（コープ）

ダルマティカ[1]

ダルマティカ（dalmatica）とは、典礼において助祭（執事 deacon）がアルバとストラ[2]の上に着用する正式の祭服です。ただし盛儀の祭儀でない場合は省くこともできます[3]。また、盛儀の祭儀では司教もカズラ（チャズブル）の下に着用します[4]。

2～3 世紀ごろ、古代ローマの属州であったアドリア海東岸のダルマチア（Dalmatia）地方（現クロアチアの一部）からローマにもたらされた服なので、ラテン語で「ダルマティカ」と呼ばれるようになりました。本来はウールや麻で作られた丈の長い白い上着で、袖口が広いことが特徴でした。4 世紀以降は教皇とその助祭がとくに祝祭において用い、9 世紀ごろからは司教と助祭の祭服となりました。白い生地の前面と背面には、肩から裾に向かってクラヴィ（clavi）と呼ばれる赤や紫の 2 本の平行する縞模様が施され、左右の袖口のあたりにも同じ色の縞模様が付けられていました。後に 12 世紀ごろから典礼色[5]が定着すると、他の祭服と同じように各典礼色のダルマティカが作られました。

図 1：
ダルマティカを身につけた助祭

中世以降、高価な生地を用いたものもあり、2 本の縞模様ではなく生地の中央を縦に走る装飾的な模様が施されるものも作られました。

また、丈は膝下ぐらいまでになり、バロック時代には華やかな刺繍も施されました。

現在のミサではダルマティカの着用は義務づけられていないこと、また色と生地が司祭の着用するカズラと同じ場合、両者の見分けがつきにくいことなどから、助祭の固有のしるしという本来の役割を十分には果たせていないように感じます。そのためかもしれませんが、通常のミサでは、助祭はアルバとストラだけを着用する場合が多いようです。ストラは司祭のように首から掛けるのではなく、左肩から右の腰に向かって胸の上を斜めに掛けるので違いがはっきりわかるのもその一因かもしれません。

カッパ(コープ)[6]

カッパ（cappa、英語で cope）はマントのように全身を覆う祭服の名称です。16 世紀に来日した宣教師が着ていた外套をポルトガル語で “capa” と呼んでいたことから、そのまま日本語に入って「合羽」と漢字で表記されるようになったといわれます。もともとは外套として風雨や寒さから身を守るレインコートの役割を果たすものでした。そのため、ラテン語では「プルヴィアーレ（pluviale）」とも呼ばれます。この語の文字どおりの意味は「雨合羽」です。

典礼で使用される前は、おそらく聖職者が教会堂に入るまで着用していた外套だったと思われます。9 ～ 10 世紀ごろ、修道者が聖務日課や行列の際に着るようになったとされます。カズラとの形状の大きな違いは、カズラは円形で頭から被って全身を覆いますが、カッパは通常は半円形で、肩に羽織るように掛けて胸のあたりの留め金で留めるようになっています。また、当初はフード（頭巾）が付いていたようです。このフードは中世の終わりごろには肩から背中にかけて施された盾の形をした装飾に変わり、現在のカッパにもその名残が見られます。

図 2：カッパをまとった司祭

他の祭服と同様、バロック時代以降、重厚な生地に豪華な装飾を施したものが作られるようになりました。ただし、本来は外套の役割を果たすものであり、とくに聖体行列や枝の行列のときなど屋外で動きを伴う典礼で着用するため、近年ではあまり重くならないよう生地や装飾を簡素なものにする傾向が強いといえます。祭服の美しさと機能性のバランスをふさわしくとることが求められる祭服といえるでしょう。

1　以下は、NDSW, pp. 1306–1307、A. フリューラー『新しい祭服』（林良子訳、南窓社、1966 年）106–112 頁を参照。
2　アルバについては本書 144 頁以下、ストラについては本書 147 頁以下を参照。
3　「ローマ・ミサ典礼書の総則」338 参照。
4　『司教儀典書（*Caeremoniale Episcoporum*）』56 参照。カズラについては本書 147 頁以下を参照。
5　典礼色については本書 105 頁以下を参照。
6　以下は、NDSW, pp. 1308–1309、A. フリューラー、前掲書、116–120 頁を参照。

ミトラ、バクルス、パリウム

ミトラ[1]

司教（主教）が典礼の中で頭に被るのがミトラ（mitra）です（英語では miter)。「勝者の冠、ターバン状の被り物」などを意味するギリシア語 “mitra” に由来し、司教（主教）冠と訳されます。西方教会ではカトリック教会、聖公会、そしてルーテル教会の一部などが用います。前面と後面が山形にとがり、頂上部分が横に深く割れ、脱ぐと平らにたたむことができます。後面には通常、肩のあたりまで垂れ下がる飾り帯が 2 枚付いています。一方、東方教会のミトラは王冠のようなドーム状です。東方教会では、司祭もミトラを被ることがあるので、主教冠とは呼ばずに王冠・宝冠などと訳されます。

8 世紀にはローマ教皇が屋外で行われる典礼の際に白い円錐形の帽子を

被ったという記録があり、10 世紀には枢機卿も同様の帽子を被ったようです。そして 11 世紀以降、司教が被ることも許されました。初めは丸い形で、12 世紀半ば以降に現在のように二つに割れた形になり、13 〜 14 世紀には中に芯を入れて垂直に立つようにし、高価な生地を用いたり豪華な刺繍を施したりしました。

ミトラは司教叙階式の中で授与されます[2]。主司式司教は新司教の頭にミトラを被せて、「ミトラを受けなさい。あなたの中で聖性の光が輝き、牧者たちの主が来られるとき、朽ちることのない栄光の冠をいただくことができますように」と唱えます。かつては権威や権能の象徴と受け止められていましたが、現在は神の栄光を受けた者として司教が示すべき聖性のしるしとして授与されます。

カトリック教会の典礼では、着席中、説教のとき、あいさつや招きのことばのとき、会衆を荘厳に祝福するとき、秘跡執行の動作をするとき、そして行列中にミトラを着用します[3]。

バクルス[4]

ミトラとともに司教（主教）が典礼で用いる杖はラテン語でバクルス（baculus）と呼ばれます。英語では “pastoral staff” あるいは “crosier” と呼ばれ、司教（主教）杖、牧杖などと訳されます。東方正教会では権杖と呼ばれます。バクルスは、司教が管轄する地域の信者を牧者として導くことを示すしるしです。

古代エジプトでは、杖や王笏（おうしゃく）は権威や支配を象徴するもので、古代オリエントやギリシアやローマでも同じように威厳や権力のしるしとされました[5]。聖書においても「統治の杖」（創世記 49・10）、「鉄の杖」（詩編 2・9、黙示録 12・5）など、神の力や王としての権力、世界を治める力の象徴でした。他方、詩編 23 編 4 節では、「あなたの鞭、あなたの杖、それがわたしを力づける」と歌われます。羊飼いのように杖を用いて羊を守り導く神の姿は、ヨハネ福音書 10 章の良い羊飼いキリストとともに、司教が用いるバクルスの理解へとつながります。

バクルスは 6 〜 7 世紀ごろから使用され、木、大理石、象牙などで作られました。初期の時代のものは羊飼いの杖のように簡素な形状でしたが、ゴシック時代以降、精巧な装飾が施されたものが多く作られました。

バクルスもミトラと同じように司教叙階式の中で次のことばとともに授与されます[6]。「牧者の務めのしるしである杖を受け、群れ全体に心を配りなさい。その群れの中で、あなたは聖霊によって、神の教会を治める司教として立てられたのです」。ゆだねられた信者を正しく導く牧者の使命を示すしるしであることが分かります。

カトリック教会の典礼では、行列のとき、福音朗読を聞くとき、説教のとき、誓願・誓約・信仰宣言を受理するとき、人を祝福するときにバクルスを用います。その際、湾曲した頭部を前に向けて使用します[7]。

図1：
パリウムを着けた司教マクシミアヌス
サン・ヴィターレ聖堂（ラヴェンナ）
6世紀前半

パリウム[8]

パリウム（pallium）とは、ローマ教皇と管区大司教[9]がカズラ（チャズブル）[10]の上に掛ける白い帯状の布です。教皇はローマの司教でもあるので、ローマ司教との一致を示すしるしとして管区大司教に授与されます。

パリウムは、古代ギリシアで人々が体を包むように巻いていたヒマティオン（himation）という長方形の布に由来し、質素な生活の象徴であったようです。ローマではこの外衣をパリウムと呼ぶようになりました。テルトゥリアヌス（155頃～220年以降）の作とされる『パリウムについて』では、ローマ市民が外出時に着るトガ（toga）と呼ばれる、ゆったりとした上着ではなくパリウムが勧められ、キリスト教徒が着ることによってより価値あるものとなったと記されています[11]。

古代教会のパリウムは、ラヴェンナのモザイク（図1）のように胸の前にアルファベットのVになるように掛け、左肩から腰のあたりまで垂らしていました。現在は丸く輪にして首を通して肩に掛け、前面と背後から見るとYのように胸と背中に垂直に垂れる帯が付けられています（図2）。この形のパリウムは10〜11世紀までさかのぼることができます。なお、パリウムは殉教者聖アグネスの記念日（1月21日）に祝福された羊の毛で作る伝統があります。

図2：ミトラ、バクルス、パリウムを身につけた大司教

司教叙階式でパリウムが授与されるとき、主司式司教は新司教の肩に掛けてこう唱えます。「聖ペトロの殉教の地から届けられたパリウムを受けなさい。あなたの教会管区の中で使うため、ローマ教皇○○○○の名によって、管区大司教の権能のしるしとして渡します。これが一致のしるし、使徒座との交わりのあかし、愛のきずなとなり、あなたを力づけるものとなりますように」。

カトリック教会の典礼では、ミサ、叙階式、男子／女子大修道院長祝福式、教会堂と祭壇の奉献式などでカズラの上に着用します[12]。

1　以下は、NDSW, p. 1310、R. Berger, *Pastoralliturgisches Handlexikon*, Freiburg - Basel - Wien 2013, p. 291 を参照。
2　カトリック教会では男子大修道院長の祝福式でもミトラが授与される。
3　『司教儀典書（*Caeremoniale Episcoporum*）』60 参照。
4　以下は、R. Berger, *op. cit.*, pp. 395–396 を参照。

5 『聖書象徴事典』240–243 頁参照。
6 カトリック教会では男子大修道院長の祝福式でもバクルスが授与される。
7 『司教儀典書』59 参照。
8 以下は、NDSW, pp. 1307–1308、R. Berger, *op. cit.*, p. 324 を参照。
9 管区大司教（Metropolitan）は教会管区の長として、所轄の教区において信仰と教会の規律が守られるよう監督する役割を担う。日本では東京、大阪、長崎の三教会管区があり、それぞれに管区大司教が任命されている。「教会法」435–438 条参照。
10 カズラについては本書 148 頁以下を参照。
11 テルトゥリアヌス『パリウムについて（*De pallio*）』6（『キリスト教教父著作集 13 テルトゥリアヌス 1　プラクセアス反論・パッリウムについて』土岐正策訳、教文館、1987 年、161–162 頁）参照。
12 『司教儀典書』62 参照。

〈図版出典〉
図 1　Roger Culos, CC BY-SA 3.0, via Wikimedia Commons

第5章　祭器・祭具

パテナとカリス

中心となる祭器

最後の晩餐のとき、イエスと弟子たちがどのような器や杯を用いたかは聖書の記述からは分かりません。初代教会では、「わたしの記念としてこのように行いなさい」（ルカ 22・19、Ⅰコリント 11・24–25）というイエスのことばに従ってパンを裂く集会が始まり（使徒 2・42, 46）、やがて儀式として整っていく中で、パンを載せる器（パテナ）とぶどう酒を入れる杯（カリス）は、最後の晩餐でイエスが手に取ったものとして大切に取り扱われるようになったと思われます。

「ローマ・ミサ典礼書の総則」では、パテナとカリスについて以下のように述べられています。

> ミサをささげるために必要なものの中で、とくに大事な祭器としてカリスとパテナがある。これを用いて、ぶどう酒とパンがささげられ、聖別され、拝領されるからである。[1]

パンとぶどう酒の聖別や両形態（二種陪餐）におけるキリストの現存に関する神学的な解明については、キリスト教諸教派において一致を見ていない点もありますが、パテナとカリスは、「いのちのパンと救いの杯」（ミサの第二奉献文）を表すしるしとして、主の晩餐を記念するミサ（聖餐式）のために欠かすことのできない祭器です。

パテナ[2]

ラテン語の “patena” は、「平たい皿」を意味するギリシア語 “patanē” に由来します。古代教会においては、ミサに参加するときに信者が持参したパンを集めるための器としても用いたため、平たいパン皿というよりは、ある程度の深さのある大きめの器であったようです。また、ミサでは、司祭が拝領するために用いるパテナと会衆の拝領のために用いるパテナとが区別されていました。

古代においては銀製や金製、木製、ガラス製など、多様な材質によるパテナが用いられたと思われます。教皇ゼフィリヌス（在位 198 ～ 217 年）はガラス製のパテナを用いるよう定めています[3]。2014 年には、スペインのアンダルシア地方の遺跡から、4 世紀のものとされる緑色のガラス製のパテナの一部が発掘されたことが公表されました[4]。その後、ガラス製の祭器は破損の危険があるためしだいに用いられなくなり、銀製や金製など貴金属のものが主流になりました。

図 1：パテナ

形に変化が見られるのは 9 世紀ごろからです。このころから、信徒の聖体拝領（陪餐）は非常にまれになりました。しかも西方教会ではパン種の入っていない薄いウエハースのようなパンを用いるようになったことから、司祭の拝領のためのパンのみが載せられるよう、中央が少しくぼんだ平たく丸い皿の形をしたパテナが一般的になりました。また、パテナの縁の部分には細かい細工が施されたものや宝石を埋め込んだものなど、芸術作品として価値のある、高価なパテナも作られました。

現在では、材質や形については、高貴な材質で作られ、金に劣る金属やさびを生じるものであれば内側を金メッキすること、司教協議会の判断によって、堅く、その地方で一般的に高貴な材料とされるもので作ることができること、形は各地域の習慣に適合させるとともに、日常で使うものとは明らかに区別されること、などの規定があります[5]。

カリス[6]

カリス（Calix）とは、ラテン語で文字通り「杯」を意味します。最後の晩餐の箇所では、イエスはぶどう酒の杯を弟子たちに渡しました。当時の杯がどのような形であったのかに関しては明確な証拠はありませんが、ギ

図2：カリス

リシアやローマの文化の影響を受けた地中海世界で用いられていたとされる、取っ手が二つ付いた杯であった可能性もあります。

パテナと同じように、初期のキリスト教におけるカリスは、木材、ガラス、動物の角、金・銀・銅といった金属など、さまざまな素材で作られました。4世紀初めのコンスタンティヌス1世によるキリスト教公認後、しだいに高貴な素材を用いる傾向が強くなり、8〜9世紀には、木材やガラスでカリスを作ることが禁じられたため、金や銀など貴金属製のカリスが中心になりました。

中世初期の西方教会では、パテナと同様、2種類のカリスが用いられました。一つは司式者や会衆の拝領のために用いるカリスで、もう一つは聖別のために祭壇に供えるぶどう酒を集めるための大きなカリスです。9世紀以降、信徒の聖体拝領が減少したことに伴い、聖別されたぶどう酒を拝領するのは司祭のみになったため、司祭の拝領に用いるための小さなカリスのみが残りました。

やがて、中世からルネサンス期、バロック期と時代が進むにつれ、キリスト教美術の変化に伴い、カリスの装飾も豪華なものが増えました。また、カリスの形状は、台座、握り、杯の三つの部分から成るものが一般的になりました。現在のカトリック教会の規則では、カリスの形について次のように定めています。

> 主の御血（おんち）を入れるためのカリスまたは他の容器は、液体を吸収しないような材料で作られた杯の部分を備えていなければならない。台の部分は堅固な、ふさわしい材料で作ることができる。[7]

なお、材質や形については、前述のパテナと同様の規定があります。

一つのパン、一つの杯

カトリック教会では、ミサにおいて一つのパンと一つの杯にあずかるという観点から、パテナとカリスに関する規定を設けています。パテナについては以下のように定められています。

> ホスティアの聖別のためには、司祭と助祭のためのパンも、他の奉仕者と信者のためのパンも、ともに載せることができる、大きな一つのパテナを適宜用いることができる。[8]

すなわち、同じキリストのからだにあずかることによる一致をしるしとして表すことを念頭におき、司祭が祭壇で用いるパテナは十分な大きさのある一つのパテナを用いることが勧められています。会衆が大勢の場合は、会衆の拝領のために用いる少し小さめのパテナを複数用意します。そして、会衆の拝領の前に司式用の大きなパテナから会衆用のパテナに聖別されたパンを分け、それを助祭や聖体授与のための奉仕者が会衆のもとに運んで行くことによって、一つのパンを分け合うことが表されます。

第二バチカン公会議（1962 ～ 65 年）後のカトリック教会では、信徒が、聖別されたパンだけでなくぶどう酒も拝領する両形態による拝領の機会が増えました[9]。そのため、通常は、司祭と会衆が聖別されたぶどう酒を拝領するために、十分な大きさのカリスを一つ準備します[10]。しかし、共同司式司祭や会衆の数が多い場合は、一つのカリスでは足りないため、複数のカリスを用いることもできます。この場合、しるしの観点から、「大きな容量の主要なカリスとともに小さなカリスを用いることが望ましい」[11]と勧められています。このように複数のカリスを用いる場合も、会衆から祭壇上の主要なカリスがはっきり見えることに留意して、一つの杯からキリストの血を受けることを示しています。

プロテスタント教会の中には、聖餐用の小さな容器（コミュニオン・カップ、聖餐グラスなど）をあらかじめ複数用意してぶどう酒やぶどう果汁を入れておき、感謝聖別の祈りの後、会衆に配る方法を用いる場合があると思います。この方法では、カトリック教会のようにカリスから直接拝領することによる衛生上の問題は避けることができますが、一つの杯にあずかるというしるしの側面は弱くなってしまいます。また、ぶどう酒を細い注ぎ口のある容器（flagon）に入れておき、陪餐のときに各自の聖餐グラスに注ぐ方法を用いる場合もあるでしょう。カトリック教会では、聖別された後のぶどう酒をこのように別の容器に分けることは認められていません。キリストの血となったぶどう酒をこぼすおそれがあるためであり、また、カリス以外の容器にキリストの血を入れることはふさわしくないと考えられているからです[12]。

一つのパンを分け合い、一つの杯から飲むことをどのようにしるしとして表すことができるか、さまざまな可能性を試みることも必要でしょう。

聖別されたパンとカリスの高挙

聖別されたパンとぶどう酒の入ったカリスを高く掲げる「高挙（elevation）」や「奉挙」と呼ばれる動作は、中世期にまでさかのぼります。ミサの歴史においては、カリスよりもパテナの高挙のほうが古く、パリの司教であったユード・ド・シュリー（1166～1208年）によって始められました[13]。前述のように、この時代、信徒が聖体を受けることはすでにまれになっていました。その一方で、信徒はミサの中で聖別されたパンを仰ぎ見ることを望むようになりました。当時のミサでは、司祭は現在のように会衆に対面するのではなく、会衆と同じ方角（東）を向いてミサを司式していました。そのため、聖別されたパンを会衆から見えるようにするためには、会衆に背を向けたまま頭上に高く掲げる必要があったのです[14]。カリスの高挙は、カリスからぶどう酒をこぼす危険があること、カリスに入ったぶどう酒を会衆が直接見ることはできないことなどから、パンの高挙よりも遅く14～15世紀ごろから始まりましたが、掲げるとしてもそれほど高くは掲げなかったようです。

現在のミサでは、聖別の祈りの後、司祭はパテナとカリスを高く掲げることはしません。『ミサ典礼書』の典礼注記（rubric）には、司祭は聖別されたパンとカリスを会衆に「示す（ostendere）」と指示されています。現在は通常、司祭は会衆と対面してミサを司式しているため、聖別されたパン

図３：
栄唱でパテナとカリスを
高く掲げる司祭と助祭

やカリスを高く掲げて見せる必要はなくなりました。祭壇の高さや聖堂の広さにもよりますが、目線の高さぐらいまで上げれば「示す」ためには十分です。かつてのミサでは、聖別の祈りとその後の高挙の時こそパンとぶどう酒がキリストのからだと血になる聖別の瞬間のように理解され、高挙が重要視されました。けれども、現在はその一点にだけ集中するのではなく、奉献文（感謝聖別の祈り）全体を感謝と聖別の一つの祈りと理解するようになり、聖別の祈りの後の高挙の動作は行わなくなりました。

かわりに、現在のミサでは、奉献文の結びの栄唱（頌栄 Doxology）で、司祭はパテナとカリスを手に取って高く掲げ、「……すべての誉れと栄光は世々に至るまで」と、神に賛美と栄光を帰する祈りを唱えます。なお、助祭がいる場合は、助祭がカリスを高く掲げ、司祭はパテナを高く掲げます。

パテナとカリスの祝福と授与

最後に、カトリック教会で行われるパテナとカリスに関連した式を二つ紹介します。

まず、司祭叙階式では、司教は叙階の秘跡を受けた新司祭にパンを載せたパテナとぶどう酒を入れたカリスを授与します。これは、ミサを司式し、十字架につけられたキリストに従う務めが司祭に与えられることを示します[15]。

また、パテナとカリスは、最初に使用する前に司教もしくは司祭によって祝福されます。この祝福はミサの中で行うことができるので、パテナとカリスは、ミサをささげるときにのみ用いるよう定められた、真の意味で聖なる器（sacred vessels）とされることが、ミサに参加する共同体全体に表明されます[16]。

1　「ローマ・ミサ典礼書の総則」337。
2　以下は、NDSW, pp. 1301–1302 を参照。
3　*Liber Pontificalis* I, 61（L. Duchesne, [ed.], *Le Liber Pontificalis I*, Paris 1886, p. 139）参照。
4　The Local の記事（https://www.thelocal.es/20141002/4th-century-glass-plate-of-jesus-unearthed-in-spain-paten）参照。
5　「ローマ・ミサ典礼書の総則」328、329、332 参照。
6　以下は、NDSW, pp. 1300–1301 を参照。
7　「ローマ・ミサ典礼書の総則」330。
8　同 331。
9　同 281–287 参照。
10　同 207b、285a 参照。
11　教皇庁典礼秘跡指針『あがないの秘跡（*Redemptionis Sacramentum*）』105（日本カトリック典礼委員会訳、カトリック中央協議会、2007 年）参照。
12　同 106 参照。
13　P. ジュネル『ミサ　きのう　きょう』（菊池多嘉子訳、中垣純監修、ドン・ボスコ社、2012 年）53–54 頁参照。
14　本書 202 頁の図を参照。
15　「司祭叙階式」135（*De Ordinatione Episcopi, Presbyterorum et Diaconorum*, Editio typica altera, Città del Vaticano 1990, p. 78）参照。
16　「ミサ中に行われるカリスとパテナの祝福式」（*Missale Romanum*, Editio typica tertia, Città del Vaticano 2002, pp. 1255–57）参照。

祭壇布とコルポラーレ

祭壇布[1]

カトリック教会ではミサのとき、ラテン語で「トバレア（tobalea）」と呼ばれる白い布で祭壇を覆います。この祭壇布（altar cloth）は、キリストのからだと血が授けられる宴に対する尊敬とともに、キリストを記念する祭儀への敬意をも表しています[2]。新しい祭壇を奉献（聖別）するとき、奉献の祈りの後で新しい祭壇に祭壇布を掛けることは、このことを示しています[3]。

図１：メルキゼデク（中央）と
献げ物をささげるアベル（左）とアブラハム（右）
サンタポリナーレ・イン・クラッセ聖堂（ラヴェンナ）、６世紀

祭壇を覆う布は、3世紀のシリアの教会ですでに使用されていたようです。ラヴェンナにある6世紀のモザイク画には、メルキゼデクの食卓（創世記14･11–20）が床まで届くような白い布で覆われている様子が描かれています（図1)。おそらく、当時の教会の祭壇も祭儀のときにはこのような大きな白い布で覆われていたのでしょう。トリエント公会議（1545～63年）以降のミサでは、通常は3枚の祭壇布が用いられましたが、現在では少なくとも1枚を用い、祭壇布の形、大きさ、装飾などは、祭壇のつくりに調和させることとなっています。また、布の素材に関する規定はありませんが、伝統的に亜麻布が用いられてきました。

カトリック教会では、聖木曜日の主の晩餐の夕べのミサの後に祭壇布は祭壇から外され、キリストの受難の始まりを表します。翌日の聖金曜日の主の受難の祭儀は祭壇布を掛けずに始まり、聖体拝領を含む交わりの儀のときだけ祭壇布を掛けます。そして、この祭儀が終わるとすぐに祭壇布は外され、復活徹夜祭が始まるまでそのままの状態にしておきます。

コルポラーレ[4]

ミサや聖餐式のとき、祭壇の中央にコルポラーレ（corpolare, corporal）と呼ばれる30～50センチ四方の白布を広げ、その上にパテナとカリスを載せます[5]。聖別されたパンとぶどう酒、すなわちキリストのからだ（コルプス・クリスティ Corpus Christi）を載せるところから、コルポラーレと呼ばれるようになったものと思われます。

古代の教会では、祭壇には上記のような大きな祭壇布だけが掛けられたようです。8世紀ごろの『オルド・ロマーヌスⅠ』は、奉仕者がカリスとその上にコルポラーレを載せて祭壇に運び、助祭が祭壇全体を覆うようにコルポラーレを広げたことを伝えています[6]。当時は、コルポラーレが祭壇布の役割を兼ねていたようです。その後、祭壇から垂らした部分を折り返して、祭壇上に置かれたカリス（杯）を覆うようになりました[7]。

中世になって複数の祭壇布が用いられると、パテナとカリスを載せるいちばん上の祭壇布がコルポラーレとしての機能を果たしました。また、カリスを覆うために折り返していた祭壇布に代わって、カリスを覆う専用のコルポラーレが用いられたこと、信者が聖別されたパンとぶどう酒を拝領しなくなったことなどから、大きなコルポラーレは必要がなくなり、現在のような大きさになりました。

図2：祭壇布とコルポラーレ

コルポラーレは祭壇布を起源としているので、伝統的に亜麻布で作られてきました。祭壇布とコルポラーレの亜麻布は、亡くなったキリストのからだが亜麻布に包んで葬られたこと（マタイ27・59、マルコ15・46など）と関連づけて説明されることもあります。

1　以下は、A. フリューラー『新しい祭服』（林良子訳、南窓社、1966年）71–77頁を参照。
2　「ローマ・ミサ典礼書の総則」304参照。祭壇については本書206頁以下を参照。
3　「祭壇の奉献式」22 c（*Ordo Dedicationis Ecclesiae et Altaris*, Editio typica, Città del Vaticano 1990, p. 88）参照。
4　以下は、*Lexikon für Theologie und Kirche* 2, Freiburg - Basel - Rom - Wien 1994, pp. 1316–1317、A. フリューラー、前掲書、71–77頁を参照。
5　パテナとカリスについては本書162頁以下を参照
6　『オルド・ロマーヌスⅠ（*Ordo Romanus I*）』67（M. Andrieu, *Les Ordines Romani du haut Moyen Âge II*, Louvain 1960, p. 90）参照。
7　カリスの上にかぶせる「パラ（palla, pall）」の役割を果たしており、「パラ・コルポラーリス」と呼ばれた。

〈図版出典〉
図1　Public domain, via Wikimedia Commons

聖書と朗読用聖書

神のことばを記した巻物や獣皮紙

旧約時代、イスラエルの人々が神のことばを書き留めるときには、おそらく植物を材料とするパピルス紙の巻物（scroll）が使われたと思われます。預言者エレミヤは、告げられたことばを残らず巻物に書き記すよう神から命じられ（エレミヤ書36・2）、イエスは、ナザレの会堂でイザヤ書の巻物を渡されて朗読しました（ルカ4・17）。また、黙示録の著者は、見ていることを巻物に書いて七つの教会に送るように、ということばを聞きました（黙示録1・11）。

ユダヤ教の伝統では巻物に記された神のことばが礼拝で朗読され、それが初期のキリスト者たちにも受け継がれました。やがて、パピルス紙よりも丈夫で耐久性のある獣皮紙（羊皮紙）が一般的になると、聖書もパピルス紙から書き写され、何枚かをまとめて綴じた写本（codex）が作られるようになりました。

典礼で用いる朗読用の聖書

殉教者ユスティノス（100頃～165年頃）は、2世紀半ばの主日の集会で預言者の書や使徒たちの記録が朗読されたことを記録しています[1]。ただし、どのようなものを使って朗読されたかについては伝えていません。

4世紀以降、典礼暦年が整うのに合わせて、典礼での聖書朗読は、暦の展開に合わせてふさわしい箇所を選んで行われる「聖書日課」になりました。このように選ばれた箇所は「ペリコペー」（perikopē「切り取る」の意味）と呼ばれ、それを示すために朗読で用いる聖書の写本の余白に朗読の初めと終わりを表す印をつけたり、朗読箇所の最初と結びのことばを示す一覧表を聖書の写本に付け加えたりしました[2]。その後、朗読される箇所の全文を聖書本文から抜粋して暦に従ってまとめた朗読用の聖書（レクツィオナリウム Lectionarium）が編集されました。これは、典礼での用途に応じて、福音の朗読用（Evangeliarium）、書簡の朗読用（Epistolarium）、詩編の歌唱用（Psalterium）などに分けて作られるようになります。

やがてミサを司式する司祭自身が朗読も行うようになると、朗読する本文がミサ典礼書と別にあるのは不便なため、ミサ典礼書に朗読箇所がすべて記載されるようになりました。

朗読用福音書の発展

こうした状況にあって、キリストのことばと行いの記録である福音書の朗読は引き続き非常に大切にされました。そのため、四つの福音書の全文、あるいはミサで朗読される福音書のペリコペーを一冊にまとめた朗読用福音書には、福音への敬意を込めて、芸術性の高い装飾が施されました。たとえば、表紙には4人の福音記者のシンボルである人間（マタイ）・獅子（マルコ）・雄牛（ルカ）・鷲（ヨハネ）が描かれたり[3]、高価な貴金属や宝石などを用いた重厚なカバーで覆われたりしたものが残っています。

現代の朗読用聖書

図：聖書朗読台に置かれた聖書

上記のように、聖書のペリコペーの集成である朗読用聖書の編集は古代教会からの伝統ですが、現在の対応は教派によって異なっています。すなわち、旧約と新約のすべてを含む一冊の聖書をそのまま用いて朗読する教派もあれば、典礼暦年に従って朗読用に編集された聖書を用いる教派もあります。カトリック教会や正教会では、後者の朗読用聖書を用いる習慣があります[4]。カトリック教会で用いる朗読用聖書の冒頭にある「緒言」では、聖書朗読で用いる本について以下のように定められています。

> 神のことばの朗読に用いる本は、奉仕者、動作、場所、その他のことがらと相まって、自らの民に語りかける神の現存を聴衆に思い起こさせるものである。それゆえ、典礼行為において天上のもののしるしとも象徴ともなる朗読聖書は、真に品位ある、立派な、美しいものであるように配慮する。[5]

キリスト教の歴史を振り返ると、教会芸術と呼ばれる宗教芸術はさまざまな分野で発展してきました。とくに祭器や祭服をはじめとする典礼用具は、典礼の品格や尊厳にふさわしいもので、しかも美しさを兼ね備えたものとして作られてきました[6]。朗読用の聖書にもこうした教会芸術としての位置づけが反映され、品格や美しさを備えた書籍として作られることになりました。

また、同じ「緒言」では、朗読用福音書についても次のように定められています。

> 福音の告知は、つねにことばの典礼そのものの頂点であるから、その朗読書も東西両教会の伝統の中で、いつも他の朗読書との間に区別がつけられるようになった。朗読福音書は、細心の注意を払って製本され、装飾が施され、他の朗読書よりも丁重に取り扱われてきた。したがって、現在においても、司教座聖堂や少なくとも人々のよく集まる大きな小教区や教会堂においては、朗読福音書は美しく装丁され、他の朗読書と区別することが大いに勧められる。[7]

このような朗読用福音書は、キリストの現存を表すシンボルとして用いられます。ミサの入堂行列では、助祭または朗読奉仕者（lector）が朗読用福音書を少し高く掲げて入堂し、祭壇の上に置きます。司教叙階式では、聖別の祈りの間、ひざまずいている候補者の頭上に朗読用福音書を開いてかざし、その後に朗読用福音書を授与して、神のことばを忠実にのべ伝えることが司教の主要な務めであることが表されます。また、助祭叙階式では新助祭に朗読用福音書が授与され、典礼の中で福音を告げ知らせ、教会の信仰をことばと行いでのべ伝える助祭の務めが示されます。

これまで聖書は書籍であることが当然でしたが、近年では電子版聖書が販売され、タブレット端末で読むことができるようになりました。電子版聖書を入れたタブレット端末を聖書朗読に用いる礼拝が現在どの程度行われているのかは不明ですが、将来、こうした端末が典礼でのシンボルになりうるかを検討する時代がやってくるのかもしれません。

1　ユスティノス『第一弁明（*Apologia I*）』67·3（SChr 507: 308）参照。
2　『新カトリック大事典Ⅳ』581–582 頁参照。
3　福音記者のシンボルについては次項を参照。
4　正教会では、福音朗読用を「聖福音経」、使徒書の朗読用を「聖使徒経」、詩編用を「聖詠経」と呼ぶ。
5　「朗読聖書の緒言」35（日本カトリック典礼委員会編『朗読聖書の緒言』カトリック中央協議会、1998 年）。
6　第二バチカン公会議『典礼憲章』122 参照。
7　「朗読聖書の緒言」36。

四福音記者

前項でふれた朗読福音書[1]の表紙や挿絵には、４人の福音記者を表す象徴が用いられることがあります。

４人の福音記者の象徴

マタイ、マルコ、ルカ、ヨハネの４人の福音記者を表す象徴は、教会堂の扉上部の壁面にある半円形の部分（ルネットあるいはティンパヌム）、ドーム内側の四つに区切られた球面状の天井（ペンデンティヴ）、十字架の横木と縦木で区切られた四つの空間、朗読用福音書の表紙や挿絵、聖書朗読台[2]や説教壇[3]などに見ることができます。四福音記者の象徴は、伝統的に以下のような生き物で表現されています。

・マタイ……天使または翼のある人間
・マルコ……翼のある獅子
・ルカ………翼のある雄牛
・ヨハネ……鷲

もともと翼のある鷲（ヨハネの象徴）以外の生き物も、翼を持つものとして描かれることが多いのが特徴です。これらの象徴の源泉はどこにあるのでしょう。

預言者エゼキエルが見た幻

エゼキエル書の冒頭には、エゼキエルの召命が記されています。その中で、エゼキエルが見た幻に登場する四つの生き物には、四つの顔と四つの翼があったと述べられています（エゼキエル書1·5–6）。そしてその顔は、人間の顔のようで、四つとも右に獅子の顔、左に牛の顔、そして後ろには

図：マンドルラ（アーモンド型の光輪）を背にしたキリストと四福音記者
（左上から時計回りに、マタイ、ヨハネ、ルカ、マルコの象徴）
ハインリヒ２世の『朗読福音書』（BSB Clm 4454, fol. 20v）
11 世紀初め、バイエルン州立図書館（ミュンヘン）所蔵

鷲の顔を持っていたとされます（同 1･10）。

さらに、エゼキエル書の 10 章では、この生き物が天使のケルビムであると述べられています（同 10･14–22）。ケルビムの上にはサファイアの石のような王座があり、主の栄光がケルビムの上にとどまっていたとも記されています（同 10･1, 4, 18）。このように、ケルビムとされる生き物は神に仕える存在として描かれています。

古代バビロニアの占星術の影響[4]

天文学が発達していた古代バビロニアは、占星術の発祥の地とされています。地球から見て、太陽が天球上を一周する軌道にある12の星座は黄道十二星座または黄道十二宮と呼ばれ、そのうち牡牛座、獅子座、蠍（さそり）座、水瓶座が四つの季節の始まりを告げる星座とされました。すなわち当時、牡牛座は春分を、獅子座は夏至を、蠍座は秋分を、水瓶座は冬至を告げる星座でした。この四星座は世界の四隅に位置し、世界を支えるものと考えられたようです。そして蠍は不気味な生き物なので鷲に、水瓶はそれを持つ男性（人間）の姿に、それぞれ置き換えられました。

上記のエゼキエルが召命を受けたのは、イスラエルの民とともにバビロンで捕囚となった時代でした（エゼキエル書1·1）。したがって、彼らはバビロンで発展した天文学や占星術などに触れる機会があり、先ほどのエゼキエル書の記述も何らかの影響を受けているのかもしれません。

ヨハネが見た幻

新約聖書のヨハネの黙示録にも、エゼキエル書と同じような生き物が描かれています。ヨハネが見た幻によれば、天の玉座の周りにはそれぞれ六つの翼を持つ四つの生き物がいたとされます。それぞれの姿については、こう記されています。

> 第一の生き物は獅子のようであり、第二の生き物は若い雄牛のようで、第三の生き物は人間のような顔を持ち、第四の生き物は空を飛ぶ鷲のようであった。
> （黙示録4·7）

そして、この四つの生き物は「聖なるかな、聖なるかな、聖なるかな……」（同4·8）と、絶え間なく神を賛美しており、イザヤ書6章2–3節のセラフィムを思い起こさせます。

黙示録は続けて、これら四つの生き物が、玉座に座っているかたを賛美し、感謝をささげていること（同4·9）、玉座と四つの生き物の間に屠（ほふ）られたような小羊が立っており、四つの生き物は小羊の前にひれ伏したこと（同5·6–8）を伝えています。この小羊と四つの生き物は、やがてキリストと4人の福音記者と結びつけられ、四福音記者のシンボルとして理解されるようになりました。

教父時代の解釈

古代の教父たちの中で、四福音記者のシンボルについて言及した代表的な人物はリヨンの司教エイレナイオス（130/140頃～202年頃）です。彼はエゼキエル書と黙示録の四つの顔について次のように説明します。

・獅子……指導的、王的活動性
・雄牛……犠牲奉仕的、祭司的な役割
・人間……人間としての来臨
・鷲………教会の上を舞う霊のたまもの

そしてこれらのことと福音書は「合致しており、その中にキリストが座している」と述べて、四福音書の正典としての地位を裏付けています[5]。

西方教会での四福音記者の伝統的な象徴は、ヒエロニムス（347～419/420年）の解釈がもとになっています。彼は『マタイ福音書注解』の序文で、エゼキエル書の四つの生き物の四つの顔に基づいて説明しています。

・人間の顔はマタイ……福音書をイエスに至る系図と人間としての誕生から始めている
・獅子の顔はマルコ……福音書冒頭の荒れ野で叫ぶ洗礼者ヨハネの声は、砂漠でほえる獅子の声に聞こえる
・雄牛の顔はルカ……福音書冒頭で神の前で祭司の務めを果たすザカリアに言及し、神殿で奉献される牛を連想させる
・鷲の顔はヨハネ……鷲の翼で高く飛翔し、神の言（ロゴス）について論じている[6]

こうした教父たちの解釈に基づき、5世紀ごろ以降のキリスト教美術の中に、四福音記者の象徴を見ることができます。前述した四つの生き物は

「テトラモルフ（tetramorph）」と呼ばれ[7]、さまざまな美術作品に用いられました。人間、獅子、雄牛、鷲の四つの象徴が示す特徴をふまえて福音書を読み返してみると、新たな発見があるかもしれません。

1　朗読用福音書については本書171頁以下を参照。
2　聖書朗読台については本書210頁以下を参照。
3　説教壇については本書214頁以下を参照。
4　『聖書象徴事典』24頁、『新カトリック大事典Ⅲ』848–849頁参照。
5　エイレナイオス『異端反駁（*Adversus haereses*）』3・11・8（『キリスト教教父著作集3/I エイレナイオス3』小林稔訳、教文館、1999年、45頁）参照。
6　ヒエロニムス『マタイ福音書注解（*Commentarii in Evangelium Matthaei*）』序文（小高毅編訳『原典 古代キリスト教思想史Ⅲ』教文館、2001年、202頁）参照。
7　ギリシア語の「四つの形をした」という意味の“tetramorphos”に由来。

〈図版出典〉
Public domain, https://www.digitale-sammlungen.de/en/view/bsb00004502?page=48,49

ろうそく（ランプ）

礼拝におけるともし火の使用

世界各地では紀元前からさまざまな材料[1]で作られたろうそくが用いられてきました。また、魚油やオリーブ油などを用いたオイルランプもろうそくと並んで古くから日常生活の中で使用されてきました。

キリスト教の礼拝でのろうそく（ランプ）などのともし火の使用は、実用的な側面、象徴としての側面、表敬としての側面に大別することができますが、これらは厳密に区別されていたというよりも、むしろ複数の側面をふまえて用いられる場合も少なくありません[2]。ただし、ろうそくは他の宗教の儀式でも用いられていたため、初期の時代のキリスト教の礼拝では、日々の生活で使うランプの使用が一般的であったと思われます。

新約時代～古代教会

使徒言行録には、週の初めの日の集会に関する以下のような記述があります。

> 週の初めの日、わたしたちがパンを裂くために集まっていると、パウロは翌日出発する予定で人々に話をしたが、その話は夜中まで続いた。わたしたちが集まっていた階上の部屋には、たくさんのともし火がついていた。　（使徒 20·7–8）

夜間に行われた集いの様子が述べられているこの箇所では、ともし火は実用的な側面から用いられていたであろうことがうかがえます。礼拝でのろうそくやランプの使用は、こうした夜間の礼拝との結びつきからごく自然に発展していったものと考えられます。同時に、小さな光であっても闇の中に力強く輝くともし火を、世を照らす光であるキリスト（ヨハネ 8·12)、義の太陽であるキリスト（マラキ書 3·20）のしるしとして受け止めることも、キリスト者にとって難しくはないでしょう。したがって、ともし火の実用的な側面にキリスト教的な意味が与えられるのも自然な流れであるといえます。3～4世紀の典礼の様子を伝える『使徒伝承』には、夜間に行われた食事と結びついた祈りの集いが記録されており、ともし火を用いた集いの中で助祭は次のように光について言及して祈ります。

> あなたはキリストによって不滅の光をあらわし、わたしたちを照らしてくださいました。わたしたちが豊かになるようにとあなたが造ってくださった昼の光に満たされて一日を過ごし、夜を迎えようとしている今も、あなたの恵みによって夕べの光にも欠けることがありません。[3]

4世紀末のエルサレムの典礼を伝えるエゲリアは、「ルチェルナーレ (lucernare)」と呼ばれる晩の祈りの様子を次のように述べています。

第10時に、ここではリキニコンと呼ばれ、わたしたちは光の祭儀（lucernare）と言っているものがあり、群衆は皆、復活聖堂に集まる。すべてのランプとろうそくがともされ、非常に明るくなる。しかし、火は外から運ばれるのではなく、夜も昼もいつも明かりで照らされている岩穴、すなわち囲いの内側から運ばれる。[4]

この時代のエルサレムでは、第10時すなわち夕方4時ごろから始まる集会の中で、ランプとろうそくが併用されていたことが分かります。また、この場所はキリストの墓すなわち復活の場所の上に建てられた聖堂であり、主の復活の喜びのしるしとして、また復活したキリストへの表敬として、常に明かりがともされており、ろうそくやランプは多様な意味合いで用いられていました。

中世以降——象徴的意味の強調

以後、中世期にかけて、礼拝におけるろうそくやランプの使用は、臨在するキリストや喜びの象徴としての意味合いがしだいに強くなっていきます。復活徹夜祭の冒頭の光の祭儀で用いられる「復活のろうそく」も典型的な例でしょう[5]。さらに復活徹夜祭では、祭儀の中で洗礼を受けた者には、火をともしたろうそくを授与するようになります。これは現在のカトリック教会の幼児洗礼式でも成人洗礼式でも行われています[6]。

また、ミサのとき、祭壇の前に7本のろうそくをともす習慣もありました。これは黙示録4章5節「玉座の前には、七つのともし火が燃えていた。これは神の七つの霊である」をふまえた習慣で、7本に枝分かれした燭台を用いることもあったようです。

11世紀以降、ミサで聖別されたパン（ホスティア）を聖櫃（せいひつ）（tabernacle）[7]に保存し、適宜礼拝したりその前で祈ったりする習慣が広まりました。これに伴い、キリストの現存を示すしるしとして、聖別されたパンを納めた聖櫃の近くにはたえずろうそくやランプがともされるようになりました。この習慣は現在も受け継がれています。

現在の典礼における ろうそくの使用

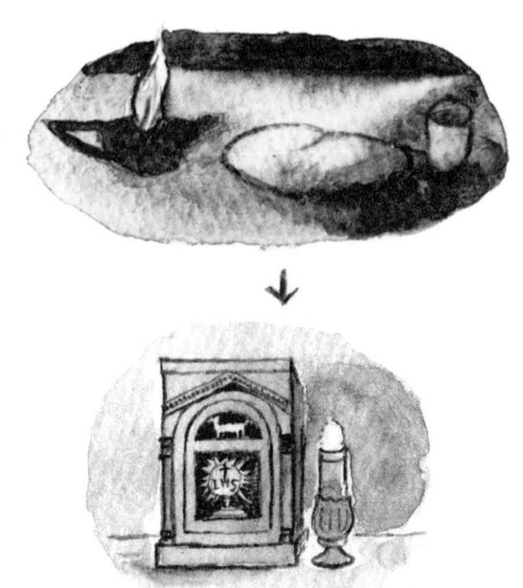

現在のカトリック教会では、典礼で使用するろうそくについては以下のような規定があり、祭儀の荘厳さに応じてろうそくの数を増減して、祭儀の特徴を視覚的に会衆に示すことが意図されています。

> 祭壇上もしくは祭壇の近くに、火をともしたろうそくを以下のように置く。どの祭儀においても、少なくとも2本を置く。あるいは、とりわけ主日のミサや守るべき祝日の場合は4本もしくは6本、また、教区の司教が司式する場合は7本を置くようにする。[8]

カトリック教会ではミサだけでなく、他の典礼のときにもろうそくを用います。上記の復活徹夜祭や洗礼式以外にも、たとえば献堂式では新しい祭壇の上もしくは祭壇の近くに置かれたろうそくと壁に掛けたろうそくへの点灯が行われます[9]。これは、すべての人を照らす啓示の光であるキリスト（ルカ2·32）が教会を照らすとともに、教会を通して人類全体が照らされることを示しています。

また典礼でのろうそくの使用は単なる信心ではなく、「崇敬と祭儀の喜びを表すために、すべての典礼行為の際に必要」[10]とされています。現代のように照明設備が整っている教会堂であってもろうそくを用いるのは、暗闇を退け、希望と喜びを与える神の力を示すきわめて自然なシンボルであるからではないでしょうか。

1　蜜蝋、松・ハゼ・漆（うるし）などの植物性の油、牛や鯨などの動物性の油など。

2　NWDLW, p. 93 参照。

3　『使徒伝承（*Traditio apostolica*）』25（B. ボット『聖ヒッポリュトスの使徒伝承』土屋吉正訳、オリエンス宗教研究所、1987 年、65 頁）。

4　エゲリア『巡礼記（*Itinerarium Egeriae*）』24·4（SChr 296: 238）（筆者訳）。

5　復活のろうそくについては本書 134 頁以下を参照。

6　成人洗礼式でのろうそくの授与のことばは以下のとおり。「あなたは、キリストの光をもたらす者となりました。主イエス・キリストが来られる時、すべての聖人とともに喜んで主を迎えることができるよう、いつも光の子として歩みなさい」（日本カトリック典礼委員会編『成人のキリスト教入信式』131）。

7　聖櫃については本書 220 頁以下を参照。

8　「ローマ・ミサ典礼書の総則」117。

9　「献堂式」69–71（*Ordo Dedicationis Ecclesiae et Altaris*, Editio typica, Città del Vaticano 1990, pp. 51–52）参照。

10　「ローマ・ミサ典礼書の総則」307。

香と香炉

香が発する香気には人によって好き嫌いはあるものの、ふさわしい用い方をすることによって、その場の雰囲気を変えたり、精神を落ち着けたりする効果があります。最近はアロマオイルによるアロマテラピーとしてヒーリングの一つとしても親しまれています。

宗教儀礼における香の使用

宗教儀礼においては、芳香を放つ樹皮や樹脂などを乾燥させて粉末状、粒状、棒状、渦巻き状などにして用います。香を意味する英語の “incense” は「燃やす」という意味のラテン語の “incendere” に由来しており、宗教儀礼では多くの場合、火をつけて用います。宗教儀礼で香を用いる目的は、神仏など聖なる存在や死者への崇敬、祈りの象徴、浄化、魔除け、祝福など多岐にわたります。

聖書における香[1]

イスラエルの民にとって、香は日々の礼拝に欠かすことのできないもので、香料に関する規定が定められています（出エジプト記30・34–38）。神に穀物の献げ物をするときには献げ物と一緒に祭壇で香が燃やされ（レビ記6・8）、祭司は毎日、朝と晩に神への香の献げ物として香をたき、そのために金で覆われた祭壇が造られました（出エジプト記30・1–10、37・25–29）。また、アロンは贖罪日に行う贖いの儀式の中で香を用い（レビ記16・11–13）、モーセのことばに従って、香をたいて罪を贖う儀式を行い、民を疫病から救いました（民数記17・11–13）。

さらに、香の煙は神の前に立ち昇る祈りの象徴でもありました。

> わたしの祈りを御前に立ち昇る香りとし……　（詩編141・2）

> また、別の天使が来て、手に金の香炉を持って祭壇のそばに立つと、この天使に多くの香が渡された。すべての聖なる者たちの祈りに添えて、玉座の前にある金の祭壇に献げるためである。香の煙は、天使の手から、聖なる者たちの祈りと共に神の御前へ立ち上った。それから、天使が香炉を取り、それに祭壇の火を満たして地上へ投げつけると、雷、さまざまな音、稲妻、地震が起こった。　（黙示録8・3–5）

キリスト教の礼拝における香[2]

初期のキリスト者は、礼拝の中で香を用いることに関しては消極的でした。異教の儀式で、皇帝を神格化するために祭壇で香が燃やされたり、神々の像の前で香をたいたりしたことが影響していると思われます。3世紀のテルトゥリアヌス（155頃～220年以降）は、皇帝に対する礼拝のように香を用いることを拒絶しています[3]。

キリスト者の礼拝で香を用いた最古の事例は、311年に殉教したアレクサンドリアのペトロスの葬送行列のときであったとされます。その後、ローマ帝国においてキリスト教が公認されると、とくに東方教会においては比較的早い時期から香が用いられたようです。4世紀末のエゲリアは『巡礼記』の中で、エルサレムでは日曜日の夜明け前、キリストの墓の上に建てられた復活聖堂で福音書からキリストの復活の箇所を朗読するとき、香炉が運ばれ、聖堂全体が香で満たされたと述べています[4]。さらに、偽ディオニュシオス・アレオパギテス（5～6世紀）は、ミサの初めに司祭が祭壇に献香したことを伝えています[5]。

その後、中世以降の教会の典礼において香の使用は普及していきました。その用途としては、人・物・場所に敬意を表すため、罪のゆるしと悔い改めのための償いの表明のため、悪霊を退けるため、の三つに分類することができます[6]。

ミサにおける香の使用

7～8世紀のローマ教皇が司式する典礼に関する規則を記した『オルド・ロマーヌスⅠ』によると、教皇の入堂行列や福音朗読前の福音書の行列のとき、香炉の奉仕者が行列を先導しました[7]。入堂後に行われる祭壇への献香は11世紀ごろから、奉納されたパンとぶどう酒と祭壇への献香は10世紀ごろから行われ、司式者・歌隊・会衆に対する献香も行われました。また、13世紀になると、聖別後に司祭がパンとぶどう酒を高く掲げる高挙[8]の際にも献香が行われました。

現行「ローマ・ミサ典礼書の総則」276では、献香は敬意と祈りを表すものとされ、ミサでは以下の箇所で香を用いることができます。

・ミサの入堂行列の間
・ミサの冒頭での十字架と祭壇への献香
・福音書を聖書朗読台に運ぶ行列と福音朗読の前
・パンとぶどう酒の奉納の後、供えもの、十字架、祭壇、司式司祭、会衆に対して
・パンとぶどう酒の聖別の後、司式者がホスティアと杯を会衆に示すとき

これらの献香はどのような形式のミサでも行うことができますが、いず

れも任意であって義務ではありません。

聖務日課における香の使用

毎日の聖務日課における香の使用は、8～9世紀ごろに始まりました。上記のように旧約では朝晩に香をたいたことにならい、朝の祈りと晩の祈りの中で用いられました。現在もこの二つの時課で歌われる福音の歌（ザカリアの歌 Benedictus とマリアの歌 Magnificat）の間に、祭壇、司祭、会衆に対して献香することができます[9]。

香炉の使用

香炉は、香を加熱して香煙や香気を発生させる容器で、宗教によって形状、材質、加熱の方法などさまざまです。香炉は置き香炉と振り香炉に大別することができます。初期のキリスト教の礼拝で用いる香炉は、皿もしくは鉢の形をした蓋のない容器に炭を置き、その上に直接、粉末状あるいは粒状の香を振りかけ、台の上に置くか鎖を付けてつり下げるかして用いました。香炉を振って献香するようになると、炭を入れる鉢状の容器と、煙を出すために複数の穴が空いた蓋から成り、3～4本の鎖でつり下げるものが広まりました。ロマネスク期やゴシック期には香炉全体に精巧な装飾が施され、蓋の部分が教会堂の形をかたどったものも作られました。

図：鎖の付いた振り香炉

正教会で用いる香炉も鎖の付いた振り香炉の形が主流で、鎖の下部に鈴を付けて香炉を振ると鈴が鳴り、「炉儀」（献香）が行われていることを会衆に知らせ、祈りを促します。

現在のカトリック教会では香炉の振り方にいくつかの規定があります[10]。たとえば、聖体、奉納されたパンとぶどう酒、祭壇十字架、朗読福音書、復活のろうそく、司祭と会衆に対しては3回振ります。また、表敬するための聖人の遺物や像に対しては2回振り、祭壇に対しては1回振りながら祭壇の周囲を周ります。

香はミサや聖務日課以外にも、葬儀における祭壇と棺への献香、聖体賛美式、献堂式と祭壇の奉献式などにおいても用いられ、参加者は目と鼻を通してその象徴的な意味を受け止めます。

1 『聖書象徴事典』149–151頁参照。

2 NDSW, p. 595参照。

3 テルトゥリアヌス『護教論（*Apologeticum*）』30･6（『キリスト教教父著作集14　テルトゥリアヌス2　護教論』鈴木一郎訳、教文館、1987年、79頁）参照。

4 エゲリア『巡礼記（*Itinerarium Egeriae*）』24･9–10（SChr 296: 242, 244）参照。

5 偽ディオニュシオス・アレオパギテス『教会位階論（*De ecclesiastica hierarchia*）』III･2（L. J. Johnson, *Worship in the Early Church 4*, Collegeville 2009, n. 4869）参照。

6 NDSW, p. 595参照。

7 『オルド・ロマーヌスⅠ（*Ordo Romanus I*）』46、59（M. Andrieu, *Les Ordines Romani du haut Moyen Âge II*, Louvain 1960, pp. 82, 88）参照。

8 高挙については本書166頁以下を参照。

9 「教会の祈りの総則」261（日本カトリック典礼委員会編『教会の祈りの総則』カトリック中央協議会、2023年）参照。

10 「ローマ・ミサ典礼書の総則」277参照。

灰

聖書における灰——悔い改めのしるし[1]

灰はキリスト教だけでなく他の宗教や文化の中でも、清め、悔い改め（回心）、再生などの象徴として用いられてきました。旧約聖書には、灰やちりをかぶったり灰の上に座ったりすることによって悔い改めの心を表すことが記されています。

> ヨシュアは衣服を引き裂き、イスラエルの長老たちと共に、主の箱の前で夕方まで地にひれ伏し、頭に塵をかぶった。　（ヨシュア記 7·6）

> それゆえ、わたしは塵と灰の上に伏し、自分を退け、悔い改めます。
> （ヨブ記 42·6）

> わたしは主なる神を仰いで断食し、粗布をまとい、灰をかぶって祈りをささげ、嘆願した。　（ダニエル書 9·3）

> （ニネベの）王は王座から立ち上がって王衣を脱ぎ捨て、粗布をまとって灰の上に座し……　（ヨナ書 3·6）

新約聖書ではイエスも、悔い改めない町をとがめることばの中で、「お前たちのところで行われた奇跡が、ティルスやシドンで行われていれば、これらの町はとうの昔に粗布をまとい、灰をかぶって悔い改めたにちがいない」（マタイ 11·21）と語っています。

灰をかける式[2]

このような聖書の記述を背景に、キリスト教では古代から、罪を犯した人が公に回心を表すためのしるしとして個人的に灰をかけられたり、司教から灰をかけた粗布を受け取ったりするなどの習慣が生まれました。ローマ教会では6世紀に、復活祭前に40日間の断食[3]を守るようになり、復活祭の六つ前の主日（主日は断食の日ではないので6日×6週で36日）からさらに4日さかのぼった水曜日から40日の断食期間に入り、やがてこの日が「灰の水曜日」として四旬節（レント）が始まる日となりました。8世紀末の『オルド・ロマーヌスXXII』にはこの灰の水曜日の典礼についての記述がありますが、当時は、公式の典礼としてはまだ灰をかける式は行われていなかったようです[4]。現在のような灰の式が定着するのは、ウルバヌス2世（在位1088～99年）のもとで1091年に開かれたベネヴェントの教会会議において、聖職者も男女の信徒もすべての者が灰を受けることが定められてからです[5]。また、12世紀になると、前年の受難の主日（棕櫚の主日、枝の主日）に祝福された枝を燃やして作った灰を用いる習慣が生まれました。

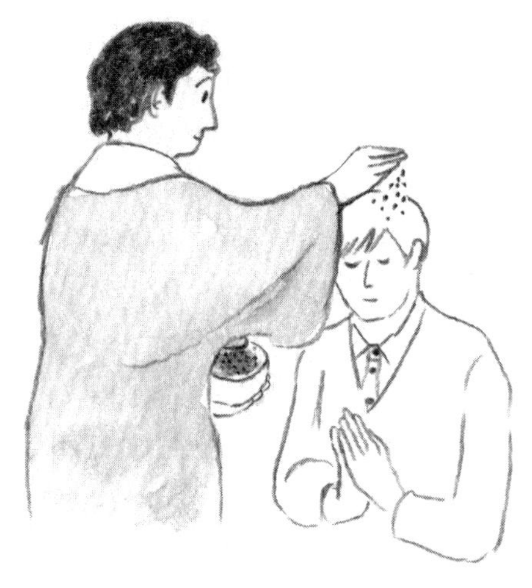

図：信徒の頭に灰をかける

新しいいのちへの希望

灰は、いのちのはかなさやもろさなど無常なるもののしるしともいえます。カトリック教会の灰の式で、司祭は灰をかけるときに、「あなたはちりであり、ちりに帰っていくのです」（創世記3・19参照）ということばを述べます[6]。たしかにわたしたちは、アブラハムが言うように「塵あくたにすぎない」（創世記18・27）者であり、土に帰るはかない存在であるといえるでしょう。けれども同時にキリスト者は、そのようなはかない存在であっても、心から回心して神に立ち返ることによって希望が与えられることを信じています。このことは、灰の水曜日に唱える各教派の式文にも表されています。たとえば、『ルーテル教会 式文』（2001年）には以下のような「特別の祈り」があります。

> すべての人を愛し、悔い改める罪人を赦す永遠・全能の神。
> 私たちに罪を悔い改めさせ、完全な赦しを与えてください。溢れる恵みによって、私たちをあなたに忠実な新しい人間にしてください。[7]

日本聖公会『祈祷書』（2013年）には次の特祷があります。

> 永遠にいます全能の神よ、あなたは造られたものを一つも憎まず、悔

い改めるすべての罪人を赦してくださいます。どうかわたしたちのうちに悔い改めの心を新たに起こしてください。わたしたちが罪を悲しみ、その災いを悟り、完全な赦しと平安にあずかることができますように。[8]

さらに、カトリック教会の『ミサ典礼書』（1978年）には、灰を祝福するときの次のような祈りがあります

全能の神よ、あなたは、罪人の死ではなく回心を望まれます。
わたしたちの祈りをいつくしみ深く聞き入れ、
この灰を祝福してください。
土から出て土に帰って行くわたしたちが、
四旬節の務めに励み、罪のゆるしを受けて新しいいのちを得、
復活された御子の姿にあやかることができますように。[9]

これらの祈りには、共通の内容があることに気づきます。それは、悔い改めて罪がゆるされることによって新しい人となることです。はかない命をもつわたしたちにも、心からの悔い改めによって神からのゆるしを受け、新しいいのちに生まれ、新しい人となることができるという希望が与えられています。四旬節の初めに受ける灰は、「悔い改めて福音を信じなさい」（マルコ1·15）というイエスの呼びかけに従って、日々、回心に努めることのしるしです。同時に、灰を受けた人には、イエスに従い、その復活のいのちにあずかって新しい人となりたいという願いを呼び起こすのです[10]。

1　『旧約新約 聖書大事典』897頁参照。

2　以下は、A. G. Martimort et al. (ed.), *The Liturgy and Time* (*The Church at Prayer*, Vol. 4), Collegeville 1983, pp. 68–69、A. Adam, *Das Kirchenjahr mitfeiern: Seine geschichte und seine Bedeutung nach der Liturgieerneuerung*, Freiburg - Basel - Wien 1979, pp. 87–88を参照。

3　40日については本書116頁以下を、断食については本書118頁以下を参照。

4　『オルド・ロマーヌスXXII（*Ordo Romanus XXII*）』1–21（M. Andrieu, *Les Ordines Romani du haut Moyen Âge III*, Louvain 1961, pp. 259–262）参照。

5　ベネヴェント教会会議（1091年）の「規定」4（MaC 20: 739B）参照。
6　典礼司教委員会編『ミサ典礼書』（カトリック中央協議会、1978年）106頁。灰をかけるときのもう一つのことばは、「回心して福音を信じなさい」。
7　日本福音ルーテル教会・日本ルーテル教団共同式文委員会監修『ルーテル教会 式文（礼拝と諸式）』（日本福音ルーテル教会、2001年）79頁。
8　日本聖公会『日本聖公会 祈祷書』（日本聖公会管区事務所、2013年）209頁参照。
9　典礼司教委員会編、前掲書、106頁。
10　灰の水曜日の礼拝の例は、『礼拝と音楽』臨時増刊号『みんなでつくる私たちの礼拝——17の礼拝例とアイディア』（日本キリスト教団出版局、2001年）32–33頁参照。

受洗者の白い衣とろうそく

カトリック教会の洗礼式では、洗礼の意味を表すシンボルとして、受洗後に白い衣とろうそくが授与されます。この授与の式は古代教会のころから行われており、いずれも実用的な側面と象徴的な側面を含んでいます[1]。

受洗者の白い衣

洗礼の後、受洗者はまず白い衣を受けます。古代教会の洗礼式では、受洗者は裸かそれに近い姿になって洗礼の泉に立ち、全身を水で洗われました。したがって衣の授与には、裸の状態で洗礼を受け、全身に油を注がれて泉から出てきた受洗者に服を着せるという実用的な側面があります。

当初は必ずしも白い衣ではなく、受洗者自身が用意した服を用いたこともあったようですが、しだいに聖書に基づく解釈が加えられました。すなわち、「キリストを身にまとう」（ローマ13·14）、「キリストを着る」（ガラテヤ3·27）というパウロのことばに基づき、受洗者は洗礼によって罪が清められ、復活の新しいいのちに再生したことの象徴として白い衣をまとうようになりました。ミラノの司教アンブロシウス（337/39～397年）は『デ・ミステリイス』の中で次のように述べています。

それからあなたは、純白の衣服を受けた。それは、あなたが罪のおおいを脱ぎすてて、純潔の清い衣服を着たことを示すためである。[2]

古代の教父たちは、受洗者が着る白い衣の意味を、聖書のさまざまな箇所を用いて説明しています[3]。

西方教会では洗礼を受けた新信者は復活祭に続く8日間[4]、白い衣を着て過ごし、復活祭の次の日曜日に白い衣を脱ぐ習慣がありました。そのため、かつてはこの日曜日を「白衣の主日（Dominica in albis）」と呼んでいました。

現在のカトリック教会で行われる白い衣の授与のとき、司祭は聖書に基づく次のことばを述べてその意味を説明します。

あなたは新しく造られた者、キリストを着る者となりました。白い衣を受け、それを汚れのないものとしなさい。わたしたちの主イエス・キリストの裁きの座の前で、永遠のいのちをいただくために。[5]

授与される衣に関する具体的な決まりはありません。これまで日本では、男性の肩や首には白い布を掛け、女性の頭には白いヴェールを被せることが一般的でした。けれども、これらはいずれも、「キリストを着る」ことを示す象徴とは言い難いので、男性も女性も図のような白い衣を肩に掛けるほうが望ましいと思います。

受洗者のろうそく

古来、洗礼を受ける人は信仰の光を注がれることから「照らされる人」と呼ばれてきました。受洗者へのろうそくの授与はこのことを表すしるしとして行われてきました。同時に、これには実用的な役割もありました。4世紀以降、バシリカ様式の主要な教会堂には、教会堂本体から少し離れたところに洗礼堂が建てられ、受洗者は洗礼堂で洗礼を受けてから教会堂に向かう行列に加わりました。通常、洗礼は復活徹夜祭に行われたので、受洗者に渡されるろうそくは深夜に行列して歩くときのともし火の役割も果たしていました。

受洗者に授与されるろうそくについては、ともし火を持って花婿を迎える10人のおとめのたとえ（マタイ25･1–13）を用いて説明されることがありました[6]。3世紀ごろの遺跡として知られるシリア東部のドゥラ・エウロポス（Dura Europos）には、集会の場として用いられたキリスト者の住居にある洗礼のための部屋の壁に、ともし火を携えた賢い5人のおとめが描かれており、このたとえ話が洗礼と結びつけられていたことを伝えています。

図：受洗者の白い衣とろうそく

洗礼を光や火と結びつけることは、エルサレムの司教キュリロス（315頃～387年）が『秘義教話』の中で、闇や夜と対比させて述べています[7]。

現代のカトリック教会の洗礼式におけるろうそくの授与のとき、司祭は以下のように唱えます。

> あなたはキリストの光をもたらす者とされました。主が来られるとき、天の王宮ですべての聖人とともに主に急いで会いに行くことができるよう、信仰を保ち、いつも光の子として歩みなさい。[8]

ここでは、洗礼に立ち会う代父母[9]（Godparents）が復活のろうそく[10]から受洗者用のろうそくに火をともして受洗者に渡すことにより、キリスト者は「光の子」（エフェソ5･8、Ⅰテサロニケ5･5）として生きるべきことを表しています。

1　以下は、R. M. Jensen, *Baptismal Imagery in Early Christianity*, Grand Rapids 2012, pp. 128–135, 167–172 を参照。
2　アンブロシウス『デ・ミステリイス（*De mysteriis*）』7·34（アンブロジウス『秘跡』熊谷賢二訳、創文社、1963 年、54 頁）。
3　詩編 51·9、イザヤ書 1·18、61·10、黙示録 3·4–5、6·11、7·9 など。
4　8 日間については本書 138 頁以下を参照。
4　イザヤ書 1·18、61·10（七十人訳）、雅歌 1·5、8·5（七十人訳）、マタイ 5·16 など。
5　「成人のキリスト教入信式（ラテン語規範版）」225（*Ordo Initiationis christiamae adultorum*, Editio typica 1972, pp. 93–94）（筆者訳）。
6　ナジアンゾスのグレゴリオス『講話集（*Orationes*）』40·46（SChr 358: 309）参照。
7　『秘義教話（*Catecheses mystagogicae*）』1·4、2·4（『中世思想原典集成 2　盛期ギリシア教父』大島保彦訳、平凡社、1992 年、146、151 頁）参照。
8　「成人のキリスト教入信式（ラテン語規範版）」226（*Ordo Initiationis christiamae adultorum*, p. 94）（筆者訳）。
9　代父母については本書 63 頁以下を参照。
10　復活のろうそくについては本書 134 頁以下を参照。

十字架

　ここでは十字架のしるし[1]ではなく、典礼の中で用いる祭具としての十字架について考えましょう[2]。

祭壇十字架

　十字架は、神の愛、キリストの受難、死に対するキリストの勝利などを思い起こさせるしるしです。歴史を振り返ると、礼拝の場では、十字架は祭壇の上に置かれるか、祭壇が内陣奥の壁に接して置かれていた時代には祭壇上方の壁につけられていました。

　ミサのときに祭壇の上に十字架を置く習慣は、5～6 世紀のシリア教会に始まったとされます。西方教会ではこうした習慣はあまり見られず、13世紀に教皇インノチェンチウス3世（在位1198～1216年）が、ミサでは祭壇の中央に2本のろうそくの間に十字架を置く、と定めたことから定着しました。その後、十字架に磔刑（たっけい）のキリスト像がつけられるようになり、カトリック教会では宗教改革以降もこれが守られました。

図1：磔刑のキリスト像がつけられた十字架

第二バチカン公会議（1962～65年）を経て、カトリック教会では祭壇を内陣奥の壁から離して会衆に近い場所に置くことができるようになり[3]、これが通常のかたちになりました。他方、内陣正面の壁につけられていた十字架は以前のままの場合が少なくありません。祭壇用の十字架に関しては「ローマ・ミサ典礼書の総則」で次のように定められています。

> 祭壇上、または祭壇の近くに、磔刑のキリスト像のついた十字架を置き、集まった会衆からよく見えるようにする。[4]

以前は「十字架を置く」とだけ記されていましたが、「総則」が2002年に改訂されたときに「磔刑のキリスト像のついた」が加えられました。これは、こうした十字架を通して、「救いをもたらす主の受難を信者の心に思い起こさせる」[5]ことを意図した改訂でした。

十字架は祭壇の上か祭壇の近くに置くことになっていますが、置き方には注意が必要です。祭壇の上にはパンと杯が置かれますし、それらを手に取る司祭の所作が、どの会衆からも見えるようにする必要があるからです。祭壇があまり大きくない場合、十字架とろうそくは、祭壇上ではなく祭壇の近くに立てるほうが望ましいと思います。

図2：行列用十字架

行列用十字架[6]

ミサなどの祭儀を司式者と奉仕者の行列[7]で始めるとき、奉仕者は行列用十字架を掲げて先導することができます。こうした行列用十字架の使用は、ガリアの教会では5世紀ごろから、ローマの教会では7～8世紀に見られます。そして9世紀以降、指定聖堂（スタチオ statio）のミサに向かう行列で使用されるようになってから普及しました。行列用十字架には、宝石などによる装飾が施されることもありました。また、先端部分の十字架を取り外せるようにして、儀式の間は祭壇上に置いて祭壇十字架として用いる場合もありました。

行列して進むときは、十字架の道を準備する香炉[8]の後を行列用十字架が進みます。この十字架にも、磔刑のキリスト像がつけられて[9]祭壇の近くに祭壇十字架として立てることができますが、すでに内陣の壁や祭壇の上方に十字架がある場合は別の場所に置くこととなっています。これは、同じシンボルを重複して用いないようにするためです。

行列用十字架は、死に打ち勝った勝利のしるしである十字架にすべてのキリスト者が従って行くことを示すシンボルです。そのため、行列では常にキリスト像のついた側を正面に向けて進みます。

聖金曜日（受難の金曜日）の十字架の顕示と礼拝

復活祭前の聖金曜日の典礼では、十字架の顕示と礼拝が行われます。4世紀末にエルサレムを訪れたエゲリアは、聖金曜日の朝、キリストの十字架の聖遺物[10]がゴルゴタの教会堂（現在の聖墳墓教会）で公開され、信者たちは一人ずつ十字架に接吻をして礼拝したことを伝えています[11]。こうした実践が、巡礼者などによって西方教会に伝えられ、聖金曜日の典礼へと発展していきました。

現在の十字架の礼拝の式では[12]、礼拝のために用いる十字架が行列によって運ばれます。行列の間、先唱が「見よ、キリストの十字架、世の救い」と3回唱え、一同は「ともにあがめたたえよう」と応えます。続いてこの十字架を祭壇の前に置き、一同は順番に進み出て、日本では十字架に対して深く礼をして崇敬します。その間に伝統的な十字架賛歌《Crucem tuam》と《Crux fidelis》が歌われます。《Crucem tuam》では次のように歌われ、死に対する勝利のしるしである十字架を賛美します。

主の十字架をあがめとうとみ、
その復活をたたえよう。
見よ、この木によって
あまねく世界に喜びが来た。[13]

十字架への賛美の礼拝をささげる祝祭は、エルサレムなどの東方教会では5世紀ごろから9月14日に行われ、ローマ教会では7世紀以降に祝われるようになりました。現在の典礼暦でもこの日を「十字架称賛」の祝日として祝います。この日のミサの叙唱（Preface）で、司祭は次のように祈ります。

あなた（神）は人類を十字架の木によってお救いになり、木から死が始まったように、木から生命を復活させ、木によって勝ち誇った悪霊を、木によって討ち滅ぼしてくださいました。[14]

アダムが神のことばに背いてその実を食べた善悪の知識の木と、救いと復活のいのちをもたらすキリストの十字架の木が対比させられています。

十字架はキリスト教の重要なシンボルの一つですが、そうであるがゆえにキリスト者にとっては当たり前のシンボルになっているかもしれません。皆さんが通う教会堂に十字架があれば、あらためて十字架が示す意味を思い巡らしてはいかがでしょうか。

1　十字架のしるしについては本書31頁以下を参照。
2　『新カトリック大事典Ⅲ』132頁参照。
3　祭壇については本書206頁以下を参照。
4　「ローマ・ミサ典礼書の総則」308。

5　同 308。

6　以下は、NWDLW, p. 139、G. Dix, *The Shape of the Liturgy*, London 1945, pp. 410–411 を参照。

7　行列については本書 42 頁以下を参照。

8　香炉については本書 183 頁以下を参照。

9　「ローマ・ミサ典礼書の総則」117 参照。

10　この十字架は、コンスタンティヌス 1 世の母ヘレナがゴルゴタで発見したとされる十字架である。

11　エゲリア『巡礼記（*Itinerarium Egeriae*）』37・1–3（SChr 296: 284, 286）参照。

12　「聖金曜日 主の受難」13–19（日本カトリック典礼委員会編『聖週間の典礼』カトリック中央協議会、2023 年、228–234 頁）参照。

13　『典礼聖歌』332 番。

14　「叙唱 主の十字架三」（日本カトリック典礼委員会編『ミサの式次第』カトリック中央協議会、2022 年、202 頁）。

聖　水

水は日々の生活に欠かすことのできないものです。また古来、水には神聖な力が宿っていると考えられ、社寺などの参拝の前に用いる手水のように、世界の多くの宗教には水の神への信仰や穢れを清める祓浄儀礼が見られます[1]。祓浄儀礼では、洗う、注ぐ、浸す、浴びる、振りかけるなどの行為によって、対象となる人や物を清めます。キリスト教では、洗礼（浸す、洗う、浴びる）やさまざまな祭儀での灌水（かんすい）[2]（振りかける）の際に水を用います。そこで用いる水は、定められた祈りによって祝福された水で、カトリック教会では通常、聖水（holy water）と呼んでいます[3]。

洗礼のための水

洗礼の秘跡（サクラメント）を授与する際の水を祝福する式文はいくつか用意されています。復活徹夜祭で行われる洗礼式の中で唱える水の祝福の式文は、次のような構成によって、神の救いのわざにおける水のしるしについて思い起こします[4]。

・神への呼びかけ
・旧約における神のわざの想起（天地創造の初め、ノアの洪水、エジプト脱出）
・新約における神のわざの想起（イエスの洗礼、十字架上のイエス、復活したイエスによる洗礼命令）
・聖霊の働きを願う祈り

このような祈りによって祝福された水は、洗礼が神の救いの計画ならびにキリストの過越の神秘と密接なつながりをもっていることを示しています。復活徹夜祭では洗礼式に続いて信者のために洗礼の約束の更新が行われます。その中で、信者は祝福された水を司祭から振りかけられて、三位一体の神を信じ、神に従うという洗礼の約束を新たにします。

聖堂入り口に用意された聖水

カトリック教会の聖堂の入り口には、聖水を入れる容器（聖水入れ）が設置されていることが多いと思います。信者はこの聖水に指を軽く浸し、十字架のしるしをしてから聖堂に入る習慣があります[5]。

図：聖水入れ

古代教会のバシリカ聖堂では、聖堂の入り口の前庭に泉が設置され、信者はそこで手を清めてから聖堂に入りました。そして、ロマネスクの時代以降、聖堂入り口に聖水を入れた容器を設置するようになりました。

聖水に指を浸して自らに十字架のしるしをする行為は、初めて見る人にとってはおまじないのように見えるかもしれません。また、信者に対してもあまり説明がなく、見よう見まねで行われていることもあります。実はこの行為も、洗礼の約束を更新する際の灌水と同様、自らの洗礼を想起するためのしるしです。わたしたちは洗礼を受けたからこそ、これから中に入って祈りをささげる教会堂を神の家と呼ぶことができます。また、洗礼を受けたからこそ、ミサにおいて聖体拝領（陪餐）をすることができます。

真夏に飲む一杯の水によってわたしたちは「生き返った」心地になりますが、洗礼はキリストとともに死にキリストとともに復活する（生き返る）ことであり、聖水はその喜びをたえず新たにするしるしとして用いられています。

1　小口偉一・堀一郎監修『宗教学辞典』（東京大学出版会、1973 年）698–699 頁参照。
2　浸礼・滴礼については本書 60 頁以下を、灌水については本書 66 頁以下を参照。
3　『新カトリック大事典Ⅲ』723 頁参照。
4　「復活の主日 復活徹夜祭」41（日本カトリック典礼委員会編『聖週間の典礼』カトリック中央協議会、2023 年、260–261 頁）参照。同様の祈りは諸教派の洗礼の式文にも見られる。日本聖公会『日本聖公会 祈祷書』（日本聖公会管区事務所、2013 年）279–280 頁、日本福音ルーテル教会・日本ルーテル教団共同式文委員会監修『ルーテル教会 式文（礼拝と諸式）』（日本福音ルーテル教会、2001 年）181–182 頁、日本基督教団信仰職制委員会編『日本基督教団 式文（試用版Ⅱ）』（日本キリスト教団出版局、2009 年）26–28 頁、カンバーランド長老キリスト教会日本中会礼拝書特別委員会編『神の民の礼拝――カンバーランド長老キリスト教会礼拝書』（一麦出版社、2007 年）98–99 頁など参照。
5　インフルエンザや新型コロナウイルスなど感染症が広まっている状況下では、こうした聖水の使用は控えている。

鐘

鐘の多様な用途

鐘は古くから多くの宗教や文化で用いられてきました。古代中国では前 10 世紀ごろに、アッシリアやエジプトでは前 9 ～ 8 世紀には作られていたようです[1]。日本では、寺院の梵鐘（釣鐘）が最も なじみ深いと思います。

また、最近はあまり見かけなくなりましたが、火の見やぐらには半鐘がつるされていました。ヨーロッパのフランドル地方では、音の異なる複数の鐘を組み合わせて音楽を奏でることができるようにしたカリヨンが知られています。
鐘には、宗教的、実用的、芸術的用途など、目的によってさまざまな用い方があります。

キリスト教の鐘[2]

キリスト教における鐘の使用は6世紀ごろから始まったとされます。トゥールのグレゴリウス（538頃～594年）が鐘に言及しており、「合図」を表すラテン語“signum”を鐘に用いています[3]。鐘は人々に礼拝の時刻を知らせたり、何か重要な出来事を伝えるための合図として使われたりしていたのでしょう。同じ時代、修道院においても祈りや作業の時刻を知らせる合図として鐘が用いられた可能性があります。修道生活を確立したヌルシアのベネディクトゥス（480頃～547/560年）は『戒律』の中で「合図（signum）」ということばを用いています[4]。この時代の鐘は、ハンドベルのように手に持って鳴らすものが主流だったと思われます。西欧において、つり下げて鳴らす鐘が普及するのは8世紀以降といわれます。
祈りの時刻を告げる鐘で代表的なものは、「お告げの祈り（Angelus）」のときに鳴らされる鐘です。フランスの画家ミレーの作品「晩鐘」は、夕刻のお告げの鐘の音に合わせて農作業の手を休め、お告げの祈りを唱える男女の農夫の姿を描いています。
ほかにも、婚礼のとき、葬儀のとき、祝祭日のときなど、鳴らし方を変えて鐘が用いられました。教会の鐘の音は、信者の信仰生活と密接に結びついていたといえるでしょう。

ミサにおける鐘の使用

ミサとの結びつきを考えてみると、中世において、鐘はミサが始まる前に鳴らされ、信者に教会に集まるよう伝える役割がありました。こうした鐘は通常、教会堂の外に造られた鐘楼や塔に設置されました。

図：ミサの聖体の高挙のときに紐を引いて鐘を鳴らす奉仕者（左端）
『神学論集』（Fr. 13342, fol. 47f）、14 世紀初め、フランス国立図書館（パリ）所蔵

12 ～ 13 世紀ごろから、信者はミサに参加しても聖別されたパン（聖体）を拝領しなくなりました。反対に、彼らは奉献文（ユーカリストの祈り）によって聖別されたパンを仰ぎ見て礼拝することを望むようになります。当時のミサでは、司祭は会衆に背を向けて、しかも小声で奉献文を唱えたので、聖別の部分では、パンを信者に見えるよう高く掲げました。この聖体の高挙[5]のときに信者の注意を呼び起こすために、鐘が鳴らされました。こうした鐘は比較的小さなもので、教会堂の入り口や内陣、あるいは教会堂に付属する小さな塔に設置されました[6]。また、教会堂内部の鐘を鳴らすときに外部の鐘も鳴らして、ミサに集まることができない信者のためにパンとぶどう酒が聖別される時を告げることもあったようです。

現在のカトリック教会では、ミサ中に鳴らす鐘については次のような規定があります。

聖別の少し前に、適当であれば、奉仕者はカンパヌラ（小鐘）を鳴らして信者の注意を喚起する。同じく地方の習慣に従って、それぞれ、ホスティアとカリスが会衆に示されたときにカンパヌラ（小鐘）を鳴らす。[7]

ここで鳴らす鐘はラテン語で「カンパヌラ（campanula）」[8]と呼ばれ、小さめの鐘を意味しています。上記の規定で「適当であれば」「地方の習慣に従って」と述べられていることからもわかるように、鐘の使用は義務ではありません。

その理由は、第一に中世と現代の聖体拝領に関する理解の違いがあります。上記のように聖体を受けなくなった信者にとって、ミサに参加することの意味は聖別されたパンとぶどう酒を見て礼拝することにありました。けれども、現在の信者に対しては聖体によるキリストとの一致の大切さが強調され、聖体拝領が勧められています。そのため、中世の時代に習慣であった聖別のときの鐘の使用は必ずしも必要ではなくなったのです。

第二の理由も中世のミサとの違いからくるものです。現在では、司祭が会衆と対面してミサを司式することが普通になったため、会衆はパンとぶどう酒の聖別を容易に見ることができるようになりました。また、多くのミサでは母国語を使用するようになったので、鐘を鳴らして知らせなくても、聖別の祈りを聞き逃すことはなくなりました。

第三に、現在では、ミサの奉献文の聖別の部分のみを重要視するのではなく、奉献文全体を感謝と聖別の一つの祈りとして理解するようになったからです。聖別の祈りのみに集中するのではなく、奉献文全体、すなわち冒頭の司式者と会衆との対話「主は皆さんとともに」「またあなたとともに」から奉献文を締めくくる結びの「アーメン」までの全体に耳を傾けることが大切にされています。

なお現在では、上記の規定に従って鳴らされる小鐘は、ハンドベルのようなもの、もしくは3～4個の小さな鐘または鈴を一組にしたものを用いることが一般的です。

鐘の祝福

教会堂外部に鐘を設置することも義務ではありません。ただし、古くからの習慣に従って設置する場合には、その前に司祭が祝福することができるのでそのための式文が用意されています[9]。鐘を祝福する祈りには次のようなことばがあります。

神よ、心を込めて祈ります。
あなたの民が、この鐘の響きに招かれて、
喜びのうちに教会に集まることができますように。
使徒の教え、相互の交わり、
パンを裂くこと、祈ることに励み、
　　心と思いを一つにして、
あなたの栄光をたたえることができますように。

キリスト者は古くから、鐘の音を聞いて教会に集まり、キリストの名のもとに集う一つの家族であることを思い起こし、共同体の一致を表してきました。祈りの時を告げ、人々を一つに集めるために用いられる鐘は、さまざまなかたちでキリスト者の生活にかかわってきたといえるでしょう。

1 『世界宗教大事典』371 頁、『新カトリック大事典 I』1172 頁参照。
2 *Catholic Encyclopedia*, “Bells”（https://www.newadvent.org/cathen/02418b.htm）参照。
3 トゥールのグレゴリウス『聖マルティヌスの徳について（*De virtutibus sancti Martini*）』1·28（PL 71: 933）参照。
4 ベネディクトゥス『戒律（*Regula*）』22·6、38·7、43·1（『聖ベネディクトの戒律』古田暁訳、すえもりブックス、2000 年、121、157、176 頁）など参照。
5 高挙については本書 166 頁以下を参照。
6 英語では、聖別のときに鳴らされる鐘を “sacring bell”、“altar bell” などと呼ぶことがある。
7 「ローマ・ミサ典礼書の総則」150。
8 ラテン語の “campana”（鐘）の縮小形。鐘の形の花をつけるホタルブクロの学名でもある。
9 「祝福式」1032–1051（*De Benedictionibus*, Editio typica, Città del Vaticano 1985）参照。

〈図版出典〉
https://gallica.bnf.fr/ark:/12148/btv1b105094193/f98.item

第６章　礼拝の場

祭壇（聖卓）

教派による名称の違い

ミサや聖餐式を行う教派では、パンを裂くための「場」は、教会堂の中で会衆の意識が集中する中心的な役割を果たしています。日本では、その名称は教派によって異なっています。カトリック教会では「祭壇」、聖公会では「聖卓」、ルーテル教会では「聖卓」もしくは「聖餐卓」、正教会では「宝座」などと呼んでいます。『キリスト教礼拝・礼拝学事典』では、見出しとして「祭壇、聖卓、聖餐卓」が併記され、その英語名称として “altar” と “holy table” が付されています[1]。こうした違いは、聖餐（ユーカリスト）に関してどのような側面を強調するかという神学や霊性の違いが背景にあるものと思われます[2]。

古代教会における祭壇[3]

使徒言行録2章42節と46節は、使徒時代の信者たちが集まってパンを裂いていたことを伝えていますが、どのような場でそれが行われたのかは明記されていません。2世紀の主日の集会を伝えるユスティノスも、集会の場所については言及していません[4]。おそらくこの時代は、信者の家で集会があり、そのたびに食卓のような木製のテーブルが運ばれたのでしょう。

キリスト教が迫害を受けた2～3世紀には、殉教者への崇敬がしだいに盛んになり、彼らの墓所と祭壇との結びつきが見えてきます。キリスト者は殉教者の墓の近くに祭壇を置いてミサをささげたといわれます。また、「神の言葉と自分たちがたてた証しのために殺された人々の魂を、わたしは祭壇の下に見た」（黙示録6・9）と言われるように、殉教者の墓の上に祭壇を設けることも始まりました。

食卓からいけにえの祭壇へ

4 世紀初めにキリスト教が公認されると、殉教者の死は十字架上でいのちをささげたキリストの奉献に連なるものと理解されました。そのため、キリストとともに囲む主の食卓（ラテン語で mensa）としての側面よりも、キリストの奉献が現在化される祭壇（ラテン語で altare）としての側面が強調されるようになりました。

このことは祭壇の素材にも影響を与え、初期の時代の木製の祭壇から石で造られた祭壇へと変わっていきます。聖書においてキリストは、「隅の親石」（Ｉペトロ 2·7)、「生きた石」（Ｉペトロ 2·4)、「かなめ石」（エフェソ 2·20）などと呼ばれています[5]。このような理解に、申命記 27 章 5–8 節の焼き尽くす献げ物をささげる祭壇の側面も加わり、石で造られ、固定された祭壇は教会堂においてキリストを象徴するものとなりました。祭壇は、ミサにおいてキリストの十字架上の奉献が秘跡的に続けられる特別な「場」として位置づけられました。

中世以降の祭壇

6 世紀以降、司祭が個人でミサをささげる習慣が始まると、教会堂にはそのための小さな礼拝堂が造られ、そこにも祭壇が置かれて、大規模な教会堂には多くの祭壇が設置されました。唯一の救い主キリストのシンボルである一つの祭壇の意味がしだいに薄れていくこととなります。

その一方で、キリストを象徴する祭壇への崇敬として、祭壇の上方には天蓋（ciborium）が造られ、11 世紀以降には祭壇後方に絵画や彫刻で飾られた衝立（ついたて）（retable）が置かれました。また、司祭が会衆とともに東[6]を向いて司式するようになると、祭壇は内陣の奥の壁に接するように造られ、その祭壇上方の壁には祭壇画が飾られました。さらに、古代以来の殉教者の墓との関連性も受け継がれ、8 ～ 9 世紀には聖人の遺物を納めた箱を祭壇の背後や上に置く習慣も始まりました。こうして、ゴシック時代以降、祭壇そのものの装飾とともにその周囲にも装飾が増え、会衆の視覚に訴える典礼の側面が強調されます。

他方、宗教改革以降、ルター派を中心とするプロテスタント教会では、

図：祭壇の形状の変遷

当時のキリストの奉献を現在化する祭壇（altare）ではなく、初期キリスト教の主の食卓（mensa）、すなわちキリストとの交わりの食卓という側面を取り戻そうとする意識が高まりました。

現在のカトリック教会の祭壇

カトリック教会では中世以降、いけにえの祭壇という特徴が強調された結果、キリストとともに囲む主の食卓という特徴はあまり重視されなくなりました。第二バチカン公会議（1962～65年）以降は、従来のいけにえの祭壇のイメージを受け継いで、「祭壇は、十字架のいけにえが秘跡的なしるしのもとに現在化する場所である」と述べるとともに、「ミサにおいて、それにあずかるよう神の民がともに招かれている主の食卓でもあり、感謝の祭儀によって実現される感謝の行為の中心である」と述べて、両方の側面から説明されています[7]。

祭壇の設置の仕方については、祭壇の周りを回ることができ、司式者が会衆に対面して司式できるよう壁から離して設置することが勧められています。またその位置は、「全会衆の注意がおのずから集まる真に中心となる場所」とされています[8]。

祭壇の天板（卓板 mensa）は自然石による石製を原則としていますが、司教協議会の決定で堅固で精巧に作られた他の素材を用いることもできます。日本では、堅固で上質の木材の使用も認めています。また、祭壇の形状は、かつての箱型にはこだわらず、天板を脚や台で支えることもできます[9]。

祭壇の聖別(奉献)

教派によって祭壇の位置づけは異なっていますが、いくつかの教派では祭壇を使用する前に奉献(聖別)の祈りをささげています[10]。この祭壇の聖別は、教会堂の奉献式とともに行われる場合と、単独で行われる場合とがあります。ここでは、カトリック教会の祭壇の奉献式を紹介します[11]。

祭壇の奉献式はミサの中で執り行われます。ことばの典礼まで通常どおりミサを行った後、奉献の部分に移ります。まず連願(リタニー)を歌い、次に聖人の遺骨を、祭壇を設置する場所の下に納めます[12]。洗礼によってキリストの死に結ばれた人、とくに殉教した人々がキリストの苦しみにあずかることを示すための部分ですが、これは任意で行います。

続いて、祭壇を神に奉献する祈りを唱えます。この祈りは奉献式に不可欠です。ノア、アブラハム、モーセなど旧約に見られる祭壇に言及した後、キリストの奉献によってそれらが完成されたことを述べ、神の祝福によってキリストの奉献が続けられ、神の民が養われる主の食卓となるよう祈ります。

奉献の祈りに続いて、祭壇への塗油[13]、献香[14]、祭壇布[15]、ろうそく[16]の点灯などシンボルを用いた式が続きます。聖香油の塗油は、祭壇が油注がれた者であるキリストの象徴となることを表します。献香は、祭壇で秘跡的にささげられるキリストの奉献が、甘美な香りとして神のみ前に立ち昇ることを表します。祭壇布を掛けることは、祭壇が感謝のいけにえをささげる場であり、神の民に新たな力を与える主の食卓であることを示します。そして祭壇上にろうそくをともして、キリストがすべての人を照らす啓示の光(ルカ 2·32)であり、この光が教会を照らし、教会を通してすべて人を照らすことを表します。

こうした象徴的な式の受け止め方は、教派によって異なると思いますが、食卓としての側面と祭壇としての側面を、バランスを保って理解することが大切ではないでしょうか。

1　『キリスト教礼拝・礼拝学事典』133–134 頁参照。
2　加藤博道『連載「旅する教会」40 話』（聖公会出版、2009 年）66 頁参照。
3　以下は、『新カトリック大事典 II』1033–1036 頁、NDSW, pp. 43–45 参照。
4　ユスティノス『第一弁明（*Apologia I*）』67･3–5（SChr 507: 308–311）参照。
5　ほかに、イザヤ書 28･16、使徒 4･11、マタイ 21･42、I コリント 10･4 なども参照。
6　東については本書 228 頁以下を参照。
7　「ローマ・ミサ典礼書の総則」296。
8　同 299。
9　同 301 参照。
10　日本聖公会『日本聖公会 祈祷書』（日本聖公会管区事務所、2013 年）230–231 頁、日本福音ルーテル教会・日本ルーテル教団共同式文委員会監修『ルーテル教会 式文』（日本福音ルーテル教会、2001 年）230–231 頁など参照。
11　「祭壇の奉献式」（*Ordo dedicationis ecclesiae et altaris*, Editio typica, Città del Vaticano 1977, pp. 82–111）参照。
12　「ローマ・ミサ典礼書の総則」302 では、聖人の遺骨は「真実性が確証されたものであるよう注意する」と述べられている。
13　塗油については本書 72 頁以下を参照。
14　献香については本書 183 頁以下を参照。
15　祭壇布については本書 168 頁以下を参照。
16　ろうそくについては本書 179 頁以下を参照。

聖書朗読台

神のことばの食卓

現在のカトリック教会には、聖書朗読台について以下のような原則があります。

> 教会堂の中には、的確に配置され、固定された、ふさわしい高貴さを持つ高められた場を設ける。それは神のことばの尊厳にふさわしいも

のであり、同時に、ミサには神のことばの食卓とキリストのからだの食卓が用意されていることを信者にはっきりと意識させるようなものでなければならない。[1]

この原則には、第二バチカン公会議（1962〜65年）後の典礼刷新によって、典礼における神のことばの朗読の大切さを再認識したカトリック教会の姿勢が表されています。第二バチカン公会議前のカトリック教会では聖体（ユーカリスト）や秘跡（サクラメント）が重視され、聖書朗読や説教が疎かにされる傾向があったことは否めません。こうした状況を改めるために、同公会議の『典礼憲章』では、「神のことばの食卓がいっそう豊かに信者に供されるために、聖書の宝庫がより広く開かれなければならない」[2]という方針が示されました。これ以降、「神のことばの食卓」という表現がしばしば用いられ、従来のようにキリストのからだの食卓である祭壇[3]のみでなく、もう一つの「食卓」である聖書朗読台の重要性にも着目されるようになりました。

神のことばを告げる場所の変遷[4]

教会の歴史では、3〜4世紀以降、教会堂内の少し高い場所から聖書を朗読する習慣が生まれたようです。4世紀末のラオディケア教会会議の規定では、教会堂の高い場所から朗読することが定められ[5]、その場所はギリシア語の「アナバイノー（anabainō 登る）」に由来する「アンボ（ambo）」と呼ばれるようになりました。シリアの教会では、教会堂の中央、すなわち会衆席の中に「ベーマ（bēma 段、台）」と呼ばれる演壇が作られ、祭壇とともに教会堂の重要な場所となりました。

中世以降、典礼ではラテン語で聖書朗読が行われ、神のことばが神聖視されるようになると、会衆に神のことばを告げるという意識が薄れていくとともに、会衆が聖書朗読を聞いて理解することが難しくなりました。そして、聖書朗読は司式者や助祭が務め、しかも会衆ではなく祭壇に向かって行われました。そのため、朗読者が会衆に向かって立つための聖書朗読台はしだいに用いられなくなり、かわりに会衆席近くの少し高い位置に説

図：聖書朗読台

教壇[6]（プルピット）が設置されました。

また、キリストのことばを告げる福音朗読を書簡の朗読と区別するため、会衆席から見て祭壇の右側を「書簡側」、祭壇の左側を「福音側」と呼び、別々の場所から朗読が行われました。さらに、福音を朗読するときに用いる見台を、翼を広げた鷲の形に造る習慣も生まれました[7]。

このようにカトリック教会では、会衆に向けて神のことばを告げるための場所であった聖書朗読台は本来の役割を果たさなくなってしまいました。他方プロテスタント教会では、「聖書のみ」の原理に基づき、聖書朗読台（もしくは説教壇）を、礼拝空間とりわけ内陣の主要な場所に設置するようになりました。

現在の聖書朗読台の位置づけ

中世以降、聖書朗読台が使用されなくなったこと、説教壇が聖書朗読台の機能を兼ねる場合もあったこと、さらには諸教派の礼拝観にも違いが生じてきたことなどから、聖書朗読台に関して各教派に共通の見解を述べることは難しいといわざるをえません。

聖餐卓（祭壇）を会衆席とほぼ同じ平面上に置き、その聖餐卓後方の壇上に聖書朗読台を兼ねる説教壇を置く場合もあるでしょう。あるいは、内陣の壇上に会衆席から見てほぼ横並びに聖餐卓と聖書朗読台（説教壇）を並べる場合もあるでしょう。毎日ミサが行われているカトリック教会の教会堂であれば、典礼空間の中心にはキリストのからだの食卓である祭壇が置かれ、その祭壇と有機的に関連づけて朗読台の場所が決められることになります。カトリック教会では前述したようなかつての「福音側」「書簡側」という区別の名残から、朗読台を再び会衆に向けて設置するようになった第二バチカン公会議後も二つの朗読台を残して、福音朗読とその他の朗読の場所を使い分けることもありました。現在ではこの方法はほぼなくなり、ただ一つの朗読台から聖書が朗読されるようになりました。

冒頭に引用した「朗読聖書の緒言」では、聖書朗読台についてほかに次のような原則を定めています[8]。

・ことばの典礼の間、信者がよく聞き取ることができ、注視できる場所であること。
・教会堂の構造を考慮して祭壇と的確に組み合わせること。
・控えめな装飾を施すことができること。
・聖書朗読、答唱詩編の詩編先唱、復活徹夜祭の復活賛歌（Exultet）のために使用すること。場合によって説教と共同祈願（とりなしの祈り）でも使用可能。
・複数の奉仕者が立つことを考慮して適度な広さがあり、必要に応じて照明設備と拡声装置を備えること。

聖書朗読台の位置づけは教派によって異なる部分もありますが、神のことばを告げ知らせるための場所という本来の目的は共有されています。聖書朗読台を設置するとき、教会堂のどの場所に、どのような朗読台を置けば「神のことばの食卓」であることが会衆に伝わるか、十分に検討することが大切です。

1　「朗読聖書の緒言」32（日本カトリック典礼委員会編『朗読聖書の緒言』カトリック中央協議会、1998年）。
2　第二バチカン公会議『典礼憲章』51。
3　祭壇については本書206頁以下を参照。
4　NWDLW, pp. 10, 273–274参照。J. A. ユングマン『ミサ』（福地幹男訳、オリエンス宗教研究所、1992年）212–217頁も参照。
5　ラオディケア教会会議（4世紀末）の「規定（Canon）」15（https://www.newadvent.org/fathers/3806.htm）参照。
6　説教壇については次項を参照。
7　鷲は福音記者ヨハネのシンボル。福音記者のシンボルについては本書175頁以下を参照。
8　「朗読聖書の緒言」32–34参照。

説教壇

聖書朗読台と説教壇

礼拝で指導者が聖典を朗読したり説教や講話を行ったりするために、少し高めの台や壇を用いる伝統は、いくつかの宗教に見られます。ユダヤ教のシナゴーグのベーマ（bēma）やイスラム教のモスクのミンバル（minbar）などがこれにあたります。キリスト教ではこうした台や壇を、聖書朗読台[1]（ambo, lectern）あるいは説教壇（pulpit）と呼びますが[2]、これらは初期のころから用いられていたわけではありません。

イエスが安息日にナザレの会堂で席に座って人々に語ったように（ルカ4・20）、初期のキリスト教のバシリカ様式の教会堂では、司教が内陣の奥に置かれた席（カテドラ）に座って説教をしました。ただし状況によっては、司教座の前などに立って説教をしたようです。ヨアンネス・クリュソストモス（347頃～407年）は、声がはっきりと聞こえるように聖書朗読台から説教をしたといわれています[3]。

その後、教会堂が広くなるにつれ、会衆に朗読が聞こえるようにと、会衆席により近い位置に聖書朗読台が置かれました。しかし、会衆がラテン語による聖書朗読を聞いても理解できなくなると、会衆に向かってではなく祭壇に向かって朗読が行われ、聖書朗読台はしだいに用いられなくなりました。そのため、11世紀ごろには、内陣と会衆席を区分する仕切り（rood screen）の一部として説教のための壇が設けられ、神のことばを告げる権威ある場所としての説教壇へと発展していきます。

祭壇中心か、説教壇中心か

ゴシック期には、会衆席から見て左前方に説教壇を設置することが一般的でした。そして、説教壇に立つ説教者の頭上には天蓋がつけられました。これは説教を権威づけるしるしであり、同時に説教者の声を聖堂内に響かせる反響板の役割も兼ねていました。また、教会堂の外に集まる巡礼者などへの説教や聖書朗読のためには、教会堂の外壁に説教壇が設置されることもありました。

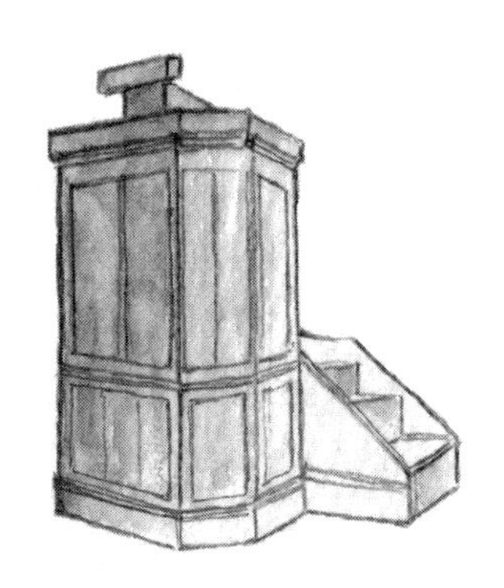

図１：説教壇

中世以降、カトリック教会のミサでは、聖体（ユーカリスト）への関心が高まるのとは対照的に説教はあまり重んじられなくなり、祭壇[4]を中心とする礼拝空間が作られました。他方、宗教改革以降のプロテスタント諸教派では説教が重視され、説教壇は非常に重要な場になりました。J. カルヴァン（1509～64年）は礼拝のほとんどを説教壇から司式することを好んだといわれます[5]。全般的な特徴として、改革派や福音派などでは、説教壇は内陣の中央に置かれることが多く、礼拝空間における中心的な位置を占めることになります。これに対し、カトリックやルター派やイングランド教会では、祭壇（聖餐卓）が内陣の中央に置かれ、説教壇は祭壇の左右のいずれかの側か、会衆席に近い列柱に取り付けられたりしました。こうした特徴は、礼拝において何を重要視するかに影響されていることはいうまでもありません。

バロック期以降も説教壇はさらに発展し、2階にも会衆席がある場合、そこに座る信者にも声が届くようにと、説教壇は高い位置に設置されました。また、説教壇に洗礼盤[6]が備えつけられる場合もありました。17～18世紀のイングランドでは、二層や三層構造の説教壇も見られます。現存するものは少ないようですが、三層構造の場合、第一層にクラーク（牧師を補佐する教会員）の席、第二層に朗読台（祈禱台）、そして第三層に説教壇を設け、これらは内陣中央の奥に設置されました[7]。

神のことばの食卓

プロテスタント教会の場合、教派によって伝統が異なるため包括的に述べることは難しいですが、比較的新しい教会堂では、会衆席から見て、聖餐卓と説教壇を縦一列に置く場合と横並びに置く場合とに大別できると思

図２：
ピサ（イタリア）の洗礼堂の説教壇
（ニコラ・ピサーノ作、1260 年ごろ）

います。また、これらに洗礼盤も加えて配置することもあるでしょう。そのため、説教壇の大きさ、形状、デザインなどは祭壇や洗礼盤などとの統一性を考慮することが求められます。

カトリック教会では、説教を行う場所について、「司祭は席または朗読台、あるいは適当なら他のふさわしい場所に立って説教を行う」[8]と定めています。そのため、独立した説教壇は設置せず、聖書朗読台が説教の場所を兼ねるのがふつうです。以前は、説教は司祭席または朗読台から行うという規則でしたが、2002 年の改訂で「他のふさわしい場所」が追加されました。古い教会堂では、聖書朗読台が必ずしも説教に最適な場所ではない場合があります。また、野外でのミサなど場所や状況に応じて説教を行う場所を考える必要もあります。こうした司牧的な判断の可能性を念頭においた追加であったと思われます。

礼拝空間について、カトリック教会は祭壇が中心、プロテスタント教会は説教壇が中心、という伝統があることは事実です。第二バチカン公会議（1962 ～ 65 年）以降、カトリック教会は、典礼には神のことばの食卓（聖書朗読台）とキリストのからだの食卓（祭壇）という二つの食卓があることをたびたび強調してきました[9]。しかし、ミサに参加することは聖体（聖餐）にあずかることという、からだの食卓を重視する理解は今も残っています。説教を重んじるプロテスタント教会の伝統も同じように残っていると思います。「ことばの食卓か、からだの食卓か」、「説教壇か、祭壇か」という二者択一ではなく、「ことばの食卓とからだの食卓」、「説教壇と祭壇」という観点から、両者の有機的な結びつきを考慮して礼拝空間を見直すことも必要ではないでしょうか。

1 聖書朗読台については本書210頁以下を参照。
2 以下は、NWDLW, pp. 10, 393–394を参照。
3 ソクラテス『教会史(*Historia ecclesiastica*)』VI·5 (PG 67: 673) 参照。
4 祭壇については本書206頁以下を参照。
5 J. F. ホワイト『プロテスタント教会の礼拝――その伝統と展開』(越川弘英監訳、プロテスタント礼拝史研究会訳、日本キリスト教団出版局、2005年) 118頁参照。
6 洗礼盤については本書223頁以下を参照。
7 J. F. ホワイト、前掲書、195頁参照
8 「ローマ・ミサ典礼書の総則」136。
9 第二バチカン公会議『典礼憲章』48、同『啓示憲章』21、「ローマ・ミサ典礼書の総則」28など参照。

〈図版出典〉
図2　Yellow.Cat from Roma, Italy, CC BY 2.0, via Wikimedia Commons

司式者の席

席とそこに座る人の関係

日本には、目上の人や主賓の席として部屋や乗り物などに応じて「上座」を設定する習慣があり、これを無視することはマナーに反することと理解されています。こうした習慣やマナーには、国や文化によってもさまざまな考え方がありますし、国際的に共有されている基準もあります。つまり、席には、単に腰を下ろすといった機能だけでなく象徴的な意味が与えられているといえるでしょう。会議の場での議長の席、パーティーに招かれた主賓の席や主催者の席など、席は、そこに座る人がどのような立場にあり、集まった人々とどのような関係にあるかを明確に示す役割があるのです。

司式者の席の変遷

キリスト教の礼拝においても、礼拝をつかさどる人の席には特別に配慮

されてきました。山上の説教の冒頭で、イエスは山に登った後、腰を下ろして弟子たちに語りました（マタイ5·1）。また、ナザレの会堂でも席に座って人々に語っています（ルカ4·20）。初期のキリスト教時代には、司教も自らのために用意された席（カテドラ）に座って説教をするのが常でした[1]。おそらくキリスト教古代までの時代は、音響面も考慮して、教会堂の内陣奥の壁の近くに司式者の席が置かれ、司式者は集まった会衆に顔を向けて祭儀を司式したものと思われます。礼拝をつかさどり、会衆を代表して神に祈る司式者の席は、会衆からその姿を見ることができるよう会衆と対面する場所に置かれるのがふさわしいのは当然でしょう。

その後、司教や司祭などの司式者は、会衆とともに東[2]を向いて（結果として会衆に背を向けて）司式するようになります。そのため、祭壇[3]は内陣奥の壁に接するように設置され、司式者の席は会衆に対面する位置には置くことが難しくなり、内陣の左右いずれかの側に置かれることになりました。基本的には、福音を祭壇の左側で朗読したこととの関連で、司式者の席も内陣の左側に置かれることが多かったようです[4]。

また、11～12世紀以降、司祭が個人的にミサをささげる機会が増えるにつれ、会衆との関係を考慮して司式者の席を設置する必要もなくなってしまいました。

神の民の集会をつかさどり、祈りを指導する役割のしるし

第二バチカン公会議（1962～65年）を経て、カトリック教会における典礼の場の理解は大きく変わりました。聖堂で重要な場は、内陣にある祭壇と聖書朗読台（説教壇）であることはいうまでもありませんが、その他の場も礼拝空間において重要な役割を示すものとして再認識され、とりわけ典礼に集まった神の民の一致をはっきりと表すような聖堂の構造と座席等の配置が考慮されるようになりました[5]。

司式者の席については次のように定められています。

> 司式司祭の席は、集会を司式する任務と、祈りをつかさどる任務とを表さなければならない。したがって、その位置は、内陣の奥に会衆に

対面して設けられることがきわめて適当である。ただし、聖堂の構造、あるいはその他の状況によって、それが妨げられる場合はこの限りではない。たとえば、離れすぎていて司祭と集まった会衆との間の交わりが困難となるような場合、あるいは聖櫃(せいひつ)が祭壇後方の中央に置かれている場合である。[6]

このように、司式者の席は、集会をつかさどることと祈りを指導するという司式者本来の役割を視覚的に示す場所に置かれることが求められています。そして、司式者はこれらの役割を果たすとき、実際には席に座るのではなく、席の前に立つのがふつうです。実際のミサを例に見てみるとそのことがよく分かります。司式者はミサの開祭の間、すなわち入堂直後から開祭の最後に集会祈願（集禱・コレクト）を唱えるまで席に座らず席の前に立って司式します。同じように、閉祭の間も結びの祝福まで席の前に立って司式します。ミサのことばの典礼の中心は聖書朗読台であり、感謝の典礼の中心は祭壇ですが、開祭と閉祭のときはこの

図：司式者の席の変遷

ように司式者の席が中心になり、会衆の意識はおのずと司式者に集中します。司式者の席は、このことを十分に考慮して、司式者が神の民の一員であるとともに神の民の祈りを指導する者であることが明らかにされるよう、内陣の中の、できるだけ会衆と対面するふさわしい場所に置かれることが望ましいといえるでしょう。

なお、司式者を補佐する助祭がいる場合、助祭の席は司式者の近くに置かれます。また、共同司式者がいる場合は、内陣の中もしくは祭壇の近くのふさわしい場所に席を設けることになっています[7]。

1　説教壇については本書 214 頁以下を参照。
2　東については本書 228 頁以下を参照。
3　祭壇については本書 206 頁以下を参照。
4　祭壇が東に向けて設置されることに基づき、向かって右側を「南側」、左側を「北側」と呼んだり、「書簡側」「福音側」とも呼んだりした。
5　「ローマ・ミサ典礼書の総則」294 参照。
6　同 310。聖櫃については次項を参照。
7　同 294、310 参照。

聖櫃（せいひつ）（タバナクル）

カトリック教会や聖公会の聖堂には、聖別されたパンを（場合によってはぶどう酒も）ピクシス（pyxis）もしくはチボリウム（ciborium）と呼ばれる聖体容器に入れて保存するための場所が設けられており、「聖櫃」「タバナクル」などと呼ばれています。

本来の意味は「幕屋」

英語の「タバナクル（tabernacle）」はラテン語の「タベルナクルム（tabernaculum）」に由来しています。本来の意味は「テント」「天幕」で、ユダヤ教においてはモーセによって準備された「幕屋」です。神と出会う場、礼拝の場、神の臨在の場と考えられ、幕屋には契約の箱が置かれました（出エジプト記25–31章、35–40章参照）。

こうした旧約の神の臨在の場である幕屋を背景として、キリスト教ではキリストのからだである聖体を保存する場所を「タベルナクルム」と呼ぶようになりました。

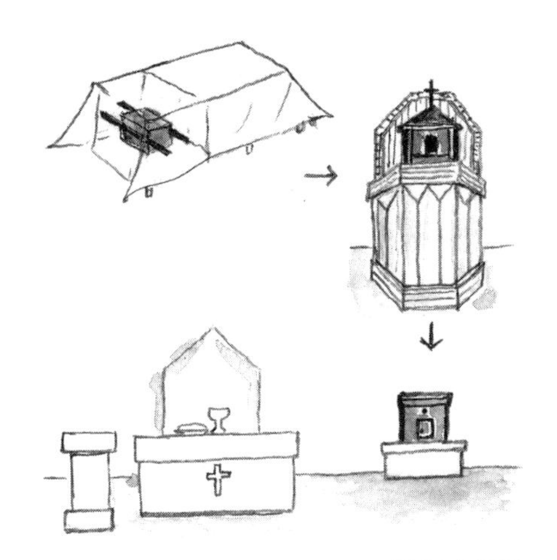

図1：幕屋から聖櫃へ

ミサ以外のときの拝領のための聖体の保存[1]

聖体の保存は、実践的な理由から始まりました。キリスト教徒にとって聖体は信仰を支える糧であるため、病気などの理由でミサに参加できない信者には、共同体の代表（と助祭）が聖体を運びました。このことは2世紀半ばのユスティノス（100頃～165年頃）も伝えており[2]、現在も病者の聖体拝領として、ミサに参加できない信者に対して家族や奉仕者が聖体を運ぶことによって実践されています。また病者だけでなく、臨終を迎える信者にも最後の糧として聖体が授けられました。そのために、聖体を保存しておく特別の容器や場所が必要となり、さまざまなものが作られました。たとえば、小さな教会堂の形の容器、祭壇の上につり下げられた鳩の形をした容器（Eucharistic dove）、祭具室や聖堂内陣の壁に埋め込まれた箱型の容器、壁に壁龕（へきがん）として作られたもの[3]などがあります。

礼拝のための聖体の保存

11～12世紀ごろになると、聖体拝領に関する理解に変化が見られ、信者はミサに参加しても聖体を拝領しなくなる傾向が強くなりました。聖体に対する畏敬の念から聖体に直接触れることを控え、むしろミサの中で聖

図2：鳩をかたどった聖櫃
13世紀前半（リモージュ）
メトロポリタン美術館（ニューヨーク）所蔵

別され、高く掲げられる聖体を見て礼拝することが中心になりました。こうして聖体が礼拝の対象となり、そのためにしかるべき場所に納められた聖体の前で祈りをささげる習慣も生まれました。

こうして14世紀ごろからは祭壇の上に固定された聖櫃が置かれ、礼拝のために聖体を顕示する台と一体化した聖櫃も作られました。さらに、祭壇後方の壁の中央の高い位置に装飾を施した聖櫃が取り付けられたり、聖櫃の上に天蓋を設けて際立たせたり、ゴシック建築の教会堂では、その教会堂と同じような尖塔の装飾を施したりしました。そのため、会衆席からは、典礼の場の中心である祭壇よりも目立つ重要な場所と理解されることにもなりました。

聖櫃に関する現在のカトリック教会の原則

現在のカトリック教会では、「教会法」[4]と「ローマ・ミサ典礼書の総則」[5]で示された原則に基づいて聖櫃が設置されることになっています。

それによると、聖櫃は、教会堂内で品位があり、重要で、見通しがきき、美しく飾られ、祈りにふさわしい場所に置かれます。具体的には、内陣の場合は、かつてのように祭壇[6]の上には置かず、またミサをささげる祭壇から離れたところに置くよう定められています。これは、ミサは聖体を個人的に礼拝するための祭儀ではなく、キリストの食卓である祭壇を囲み、聖別された一つのパンをともに分かち合う祭儀であることを明らかにするためです。また、教会によっては、ミサが行われる聖堂内ではなく、信者が個人的な礼拝や祈りの時間を過ごすことができるよう、教会堂と構造上つながっており、信者からよく見えるような場所に設けられた小聖堂に置く場合もあります。これによって、主たる聖堂に集まった人々は、ミサの間は、聖書朗読台[7]と祭壇を中心に執り行われる祭儀に集中することができるようになります。

そして、聖櫃は外部から危害を加えられないような堅固な金属や木材などで作られ、不透明で、扉を閉じることができるように作られます。また、聖櫃の近くには灯火（聖体ランプ）をつねにともして、キリストの現存を示すこととなっています。

このように現代では、聖体を保存する本来の目的に適合するように聖櫃を設置することが求められています。

1 以下は、R. Cabié, *The Eucharist* (*The Church at Prayer*, Vol. 2), Collegeville 1986, pp. 245–249を参照。
2 ユスティノス『第一弁明（*Apologia I*）』67・5（SChr 507: 310）参照。
3 ラテン語で「戸棚」「金庫」を意味する「アルマリウム（armarium）」。英語では「オーンブリー（aumbry）」。
4 「教会法」938–940条参照。
5 「ローマ・ミサ典礼書の総則」314–317参照。
6 祭壇については本書206頁以下を参照。
7 聖書朗読台については本書210頁以下を参照。

〈図版出典〉
図2 Public domain, https://www.metmuseum.org/art/collection/search/464324

洗礼盤・洗礼槽

洗礼の場——屋外か屋内か[1]

新約聖書には当時の洗礼に関する具体的な記述がないので、どのように洗礼が授けられていたのか詳しいことは分かりません。1世紀末から2世紀初めごろに書かれた『ディダケー（十二使徒の教え）』では流れる水による洗礼が勧められており、川や池など屋外の水場で洗礼が授けられていたと考えられます。『ディダケー』はまた、流れる水がない場合の洗礼についても言及しています。したがって、すでにこの時代には、自然の水場だけでなく屋内でも洗礼を授けることが必要であったことをうかがい知ることができます[2]。やがて、洗礼の場所は屋外から個人の家や浴場など屋内へと移行していきます。

3 世紀半ばの遺跡として知られるシリア東部のドゥラ・エウロポス（Dura Europos）には、キリスト者の礼拝の場として使用された民家があり、その一室が洗礼のために用いられていたといわれます。また、古代ローマの裕福な家には中庭があり、そこには雨水を溜める水槽や噴水などが設けられていたので、これらも洗礼の場所であったかもしれません。

洗礼槽の多様な形

古代の教会においては、全身を水に浸すかあるいは頭の上から全身に水を注ぐ「浸礼（immersion, submersion)」が一般的でした[3]。当時は成人洗礼が普通だったので、図 1 のような洗礼盤ではなく、大人が入れる大きさの洗礼槽（図 2 参照）が造られました。この洗礼槽の形は、初めは長方形のものが多かったようです。前述のドゥラ・エウロポスに見られるものもこの形です。その後、洗礼理解と洗礼の方法の変遷とともに、円形、十字形、8 角形などさまざまな形の洗礼槽や洗礼盤が造られました。

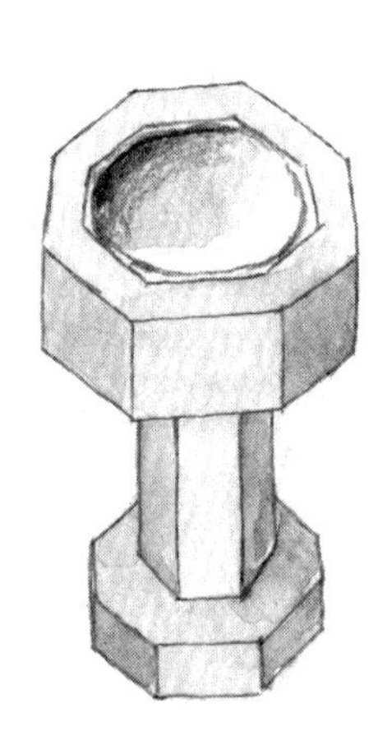

図 1：洗礼盤

死と再生のシンボル

代表的なものは死と再生を暗示する形です。キリスト教に限らず、多くの宗教や民族のイニシエーション儀礼（加入式）には死と再生の要素が含まれます。キリスト教の加入式である洗礼も、死（もくしは埋葬）と再生の側面から説明されました。その根底には、キリストが「十字架につけられて死に、葬られ、陰府に下り、三日目に死者のうちから復活し」（使徒信条)、という主の過越があるといえるでしょう。また、洗礼について述べるパウロの次のことばからも影響を受けています。

> わたしたちは洗礼によってキリストと共に葬られ、その死にあずかるものとなりました。……わたしたちがキリストと一体になってその死の姿にあやかるならば、その復活の姿にもあやかれるでしょう。
>
> （ローマ 6·4–5）

長方形に造られた洗礼槽は、埋葬のための石棺と形が似ています。これは、水中に沈められる（＝埋葬される）という考えと関連しています。この場合、受洗者が水の中に沈められ（＝埋葬）、そこから立ち上がる（＝復活）という浸礼によって、死と再生が表現されました。ミラノの司教アンブロシウス（337/39 ～ 397 年）は、洗礼直後の講話の中で新信者に対して次のように述べています。

> 昨日、わたしは、洗礼の泉について論じた。その泉は、一種の埋葬のようだ。そこで、父と子と聖霊を信じるわれわれは、受け入れられ、沈められ、起きあがる。すなわち、よみがえる。……洗礼においても死の像があるから、あなたが水の中に沈み再び上がってくるとき、疑いもなく、復活の像もあらわれる。[4]

死から新しいいのちへ、というキリストの過越は、十字形の洗礼槽によっても表されます。この形は北アフリカや東方に多く残っています。十字形の四つの端が東西南北に向くように造られ、志願者は西側（＝日没の方角）から水の中に下り、十

図 2：ケリビアの洗礼槽（チュニジア）6 世紀後半
バルド国立博物館（チュニス）所蔵

字形の中央で水に沈められて洗礼を受けた後、東側（＝日の出の方角）から上がってくるという方法で、キリストの過越にあずかる洗礼が表されました[5]。

新しい誕生のシンボル

もう一つは、「だれでも水と霊とによって生まれなければ、神の国に入ることはできない」（ヨハネ3･5）といわれるように、洗礼を母の胎（子宮）からの新たな誕生と考えるものです。この場合の洗礼槽の多くは円形です。テルトゥリアヌス（155頃～220年以降）は『洗礼について』の冒頭で、「（我々は）水の中で生まれる」と述べています[6]。水による洗礼を誕生や出産と結びつけることは、古代の西方教会に見られます。たとえば、ローマのサン・ジョヴァンニ・イン・ラテラノ大聖堂には8角形の洗礼堂があります（140頁の図）。その中の洗礼槽も8角形ですが、5世紀半ばに改築されるまでは円形でした。この洗礼堂には次のような銘文があります。

> 母なる教会は汚れのない胎からその子らを産んだ。
> 教会は神の息吹によって身ごもった子らを水の流れの中に産んだ。

また、教皇レオ1世（在位440～461年）も説教の中で洗礼を出産と結びつけてこう述べています。

> 再生するすべての人にとって、洗礼の水は処女の胎のようなものである。[7]
> 洗礼の出産によって、数えきれないほどの神の子が生まれる。[8]

なお、8角形の洗礼堂や洗礼槽は、「8」[9]という数の象徴的な意味に基づいています。キリスト教で「8」は、新しい創造、キリストが復活した日（8日目）を表す数と考えられているからです。

洗礼槽から洗礼盤へ、そして再び洗礼槽へ

古代末期以降、洗礼は幼児洗礼が中心になります。そのため、幼児の全身を浸すことができる程度の大きさで十分になり、それまでの洗礼槽ではなく、台座の上に水を溜める部分を備えた洗礼盤へと形が変わりました（図1）。また、洗礼盤への移行は、浸礼ではなく額に水を注ぐ滴礼（infusion）による洗礼が多くなったこととも関係があります。そのため、洗礼盤の水を溜める部分はいっそう小さくなっていきました。

バプテスト派のように浸礼を保ってきた教派は別ですが、滴礼による洗礼が通常であった教派でも、20世紀後半から、浸礼による洗礼を実践できるよう、再び古代のような洗礼槽を教会堂の床面に設置する傾向が増えてきました。こうした洗礼槽をどこに設置するのかもシンボルとしてとても重要です。共同体が積極的に参加して洗礼式が執り行われるのであれば、会衆から見やすい祭壇[10]や説教壇[11]の近くがふさわしいでしょう。あるいは、教会堂の入口のところに設置すれば、教会堂を訪れたキリスト者はまず自らの洗礼について想起し、それから主の祭壇に近づいていくことになります。

洗礼盤や洗礼槽は、キリスト教生活への扉である洗礼を授ける場であり、洗礼の意味を伝えるしるしとしての役割もあることを念頭において設置することが大切です。

1 以下は、NWDLW, pp. 55–56, 210–212 参照。

2 『ディダケー（十二使徒の教え *Didachē*）』7·1–3（荒井献編『使徒教父文書』講談社文芸文庫、1998年、33頁）、P. F. ブラッドショー『初期キリスト教の礼拝——その概念と実践』（荒瀬牧彦訳、日本キリスト教団出版局、2006年）25–27頁参照。

3 浸礼・滴礼については本書60頁以下を参照。

4 アンブロシウス『デ・サクラメンティス（*De sacramentis*）』III·1·1–2（アンブロジウス『秘跡』熊谷賢二訳、創文社、1963年、96–97頁参照）。

5 R. M. Jensen, *Baptismal Imagery in Early Christianity: Ritual, Visual, and Theological Dimensions*, Grand Rapids 2012, p. 162 参照。東と西については次項を参照。

6 テルトゥリアヌス『洗礼について（*De baptismo*）』1·3（小高毅編『原典 古代キリスト教思想史Ⅰ　初期キリスト教思想家』教文館、1999年、178頁）。

7 レオ1世「説教（*Sermo*）」24（レオ1世『キリストの神秘——説教全集』熊谷賢二訳、創文社、1965年、209頁）。

8　同「説教」63（レオ1世、前掲書、345頁）。
9　数字の8については本書138頁以下を参照。
10　祭壇については本書206頁以下を参照。
11　説教壇については本書214頁以下を参照。

〈図版出典〉
図2　Christian art in the Bardo National Museum, CC BY-SA 2.0, via Wikimedia Commons

東と西

東と西の一般的な受け止め方

古来、都市計画や建物を建てるときに「鬼門」と呼ばれる方角を避けることや、反対に縁起が良い方角とされ近年何かと話題になっている「恵方」を意識するなど、方角はわたしたちの生活と深く結びついています。

宗教的な意味での太陽崇拝であるか否かを問わず、一般的に東は日の出の方角として「光」、「温暖」、「生」を、西は日没の方角として「闇」、「寒冷」、「死」を感じさせる方角と受け止められており、東は方向や位置を確認する基準とされてきました[1]。また、大相撲の番付のように西に対して東が格上とされる場合もあります。

太陽の運行に基づく東と西の捉え方は言語にも残っています。「東方、東洋」を意味する英語の“Orient”はラテン語の動詞“oriri”（「昇る」の意）に由来します。また、「西方、西欧」を意味する英語の“Occident”はラテン語の動詞“occidere”（「落ちる」「沈む」の意）に由来します。

聖書における東と西

ある決まった方角を向いて祈ったり礼拝したりする習慣は、いくつかの宗教に見られます[2]。聖書においても、東は「日の出」や「前方」、西は「日没」や「後方」と理解されることがあります[3]。「東が西から遠い程、わたしたちの背きの罪を遠ざけてくださる」（詩編 103・12）ということばもありますが、全般的に旧約では、東と西に対してそれほど特別な意味づけは行われていないようです。むしろ「四方」すなわち「東西南北」に関する記述が多く見られます[4]。

新約にも旧約の四方の理解が受け継がれていますが、朝日が昇る東と救いの訪れとの関連性が見られます。ルカ福音書のザカリアの歌ではこう歌われます。

これは我らの神の憐れみの心による。
この憐れみによって、
　　高い所からあけぼのの光が我らを訪れ、
暗闇と死の陰に座している者たちを照らし、
我らの歩みを平和の道に導く。　（ルカ 1・78–79）

また黙示録には、正しい人の額に押す神の刻印を持った天使が「太陽の出る方角」から上って来ると記されており（黙示録 7・2–3）、東を意識した表現が見られます。

キリスト者の祈りの方角

キリスト教の場合、太陽を崇拝する古代の宗教が日の出の方角に特別な意味を与えたのと同じように東を理解したわけではありません。むしろ、キリスト者にとっての救い主は聖書の「義の太陽」（マラキ書 3・20）や「世の光」（ヨハネ 8・12、9・5）など光のイメージで捉えられ、救いをもたらす光であるキリストに向かって祈ろうとするとき、おのずと朝日が昇る東から救いが訪れると受け止めたといえるでしょう。

また、「稲妻が東から西へひらめき渡るように、人の子も来るからである」（マタイ 24・27）のように、キリストの再臨への期待をこめて東に向かって祈るようになりました。さらに、キリスト者の墓地では、東に向かうように遺体を埋葬する習慣も生まれました。

こうした東の象徴的な解釈は、オリゲネス、アレクサンドリアのクレメンス、バシレイオスなど、古代の教父たちの文書にも見られます[5]。

古代の洗礼における東と西

古代教会の典礼では、洗礼のときに東と西が強調されました。エルサレムの司教キュリロス（315頃～387年）が復活祭に受洗した新信者に対して行った『秘義教話』の中にその一例を見ることができます。

洗礼を受ける前に、洗礼志願者はまず西に向かって立ち、「立ち去れ、サタン」、「おまえのすべての業と絶縁する」、「サタンによるすべての華美なものと絶縁します」などと言ってサタンを退けます。キュリロスは西の方角について次のように説明しています。

> 西は感覚的な闇の場であり、サタンは闇であって、闇において力を持っています。そういう理由から、あなたがたは象徴的に西に向き、あの暗く重い支配者を立ち去らせるのです。

サタンを拒絶した洗礼志願者は、次に東に向かい、「父と子と聖霊と回心の唯一の洗礼を信じます」と述べて信仰を告白しました。キュリロスは、サタンを拒絶することによって「神が東方に植えた楽園の門があなたに開かれる」、「西から東へ、つまり光の場所へとあなたが向きを変えるのは、そういうことの象徴なのです」と説明しています[6]。

キュリロスと同じように受洗者に対して教話を行ったミラノの司教アンブロシウス（337/39～397年）も『デ・ミステリイス』の中で、洗礼志願者が悪魔とそのわざを捨てることを宣言した後、「それから東の方を向く。悪魔を捨てた人はキリストの方に向き、かれを正面から仰ぎ見る」と述べています[7]。

このように、東をキリストの方角、西をサタンの方角と位置づけることは、4～5世紀の東西教会の教父が残した複数の文書に見られ、広く知られていたことが分かります。

図：教会堂の東側に置かれた祭壇

教会堂と祭壇への影響

東－西の軸を基準にする考え方は、古代から中世の教会堂と祭壇にも影響を与えました。この時代の教会堂の多くは、入り口を西に、内陣と祭壇を東に置く傾向にありました。そのため、教会堂に集まった会衆は、おのずと東を向いて典礼に参加しました。その場合、司式者も祭壇の会衆側に立って、会衆と同じ方角（東）を仰ぎ見て祈るのがふつうでした。ただし、土地の都合などから入り口を東に置くような教会堂の場合、司式者は祭壇を挟んで会衆と対面する位置に立つことにより、東に向かって祈ることになります。

やがて中世以降、司式者が東に向かって祈ることが主流になりました。祭壇が内陣のいちばん奥すなわち東側の奥の壁に接するように設置されることにより、司式者はつねに祭壇の会衆側に立つことになります。そして、会衆と同じようにキリストの方角である東に向かって祭儀を執り行うこととなりました。

現代の教会は特定の方角、とくに東に向かって祈ることは義務づけていません。キリスト者の祈りは聖霊において御子を通して御父に向かってささげられるものですが、具体的にどの方向に心を向けて祈っているかを振り返ってみることによって新たな発見があるかもしれません。

1　『聖書象徴事典』333–334 頁参照。

2　ユダヤ教ではエルサレムに向かって祈り（ダニエル書 6･11）、イスラム教には 1 日に 5 回、メッカの方角に向かって行うサラートと呼ばれる礼拝がある。

3　『旧約新約 聖書大事典』565、859、976 頁参照。

4　エレミヤ書 6･25、エゼキエル書 37･9、42･20、ダニエル書 7･2 など参照。

5　オリゲネス『祈りについて（*De oratione*）』32（オリゲネス『祈りについて・殉教の勧め』小高毅訳、創文社、1985 年、154 頁）、アレクサンドリアのクレメンス『ストロマテイス（*Stromata*）』7･7･43･6–8（『キリスト教教父著作集 4/II　アレクサンドリアのクレメンス 2　ストロマテイス［綴織］II』秋山学訳、教文館、2018 年、332 頁）、バシレイオス『聖霊論（*De Spiritu Sancto*）』27･66（『聖大バシレイオスの「聖霊論」』山村敬訳、南窓社、1996 年、163 頁）、『使徒憲章（*Constitutiones Apostolorum*）』7･45･2（SChr 336: 106）など参照。

6　エルサレムのキュリロス『秘義教話（*Catecheses mystagogicae*）』1（『中世思想原典集成 2　盛期ギリシア教父』大島保彦訳、平凡社、1992 年、146–149 頁）参照。

7　アンブロシウス『デ・ミステリイス（*De mysteriis*）』2･7（アンブロジウス『秘跡』熊谷賢二訳、創文社、1963 年、41 頁）参照。

主要参考文献

『アウグスティヌス著作集 第25巻』茂泉昭男・岡野昌雄訳、教文館、1993年
荒井献編『使徒教父文書』講談社文芸文庫、1998年
荒井献・H. J. マルクス監修『ギリシア語新約聖書釈義事典Ⅰ～Ⅲ』教文館、1993～95年
アンブロジウス『秘跡』熊谷賢二訳、創文社、1963年
今橋朗『礼拝を豊かに――対話と参与』日本基督教団出版局、1995年
今橋朗・竹内謙太郎・越川弘英監修『キリスト教礼拝・礼拝学事典』日本キリスト教団出版局、2006年
小口偉一・堀一郎監修『宗教学辞典』東京大学出版会、1973年
小高毅編『原典 古代キリスト教思想史1～3』教文館、1999～2001年
オリゲネス『祈りについて・殉教の勧め』小高毅訳、創文社、1985年
『改訂増補 日本聖公会祈祷書解説』日本聖公会管区事務所、1994年
加藤博道『連載「旅する教会」40話』聖公会出版、2009年
学校法人上智学院新カトリック大事典編纂委員会編『新カトリック大事典Ⅰ～Ⅳ』研究社、1996～2009年
『カトリック新教会法典』日本カトリック司教協議会教会行政法制委員会訳、有斐閣、1992年
カンバーランド長老キリスト教会日本中会礼拝書特別委員会編『神の民の礼拝――カンバーランド長老キリスト教会礼拝書』一麦出版社、2007年
旧約新約聖書大事典編集委員会編『旧約新約 聖書大事典』教文館、1989年
教皇庁典礼秘跡指針『あがないの秘跡』日本カトリック典礼委員会訳、カトリック中央協議会、2007年
教皇庁礼部聖省『典礼音楽に関する指針』典礼委員会秘書局、1967年
『教皇フランシスコ講話集7』カトリック中央協議会、2020年
教皇ヨハネ・パウロ2世使徒的書簡『主の日――日曜日の重要性』宮越俊光訳、カトリック中央協議会、1999年
『キリスト教教父著作集1　ユスティノス』柴田有訳、教文館、2002年
『キリスト教教父著作集3/I　エイレナイオス3』小林稔訳、教文館、1999年
『キリスト教教父著作集4/II　アレクサンドリアのクレメンス2　ストロマテイス（綴織）Ⅱ』秋山学訳、教文館、2018年

『キリスト教教父著作集 13　テルトゥリアヌス 1　プラクセアス反論・パッリウムについて』土岐正策訳、教文館、1987 年
『キリスト教教父著作集 14　テルトゥリアヌス 2　護教論』鈴木一郎訳、教文館、1987 年
『キリスト教教父著作集 16　テルトゥリアヌス 4　倫理論文集』木寺廉太訳、教文館、2002 年
R. グァルディーニ『聖いしるし――見えぬ恵みの見える形と象徴／主の御母マリア』永野藤夫訳、天使館、2001 年
M. クリスチャン『聖書のシンボル 50』オリエンス宗教研究所、2000 年
クリメント北原史門『正教会の祭と暦』群像社、2015 年
O. クルマン『クリスマスの起源』土岐健治・湯川郁子訳、教文館、1996 年
P. ジュネル『ミサ きのう きょう』菊池多嘉子訳、中垣純監修、ドン・ボスコ社、2012 年
J.-C. シュミット『中世の身ぶり』松村剛訳、みすず書房、1996 年
『シュメール神話集成』杉勇他訳、筑摩書房、2015 年
上智大学中世思想研究所編訳 / 監修『中世思想原典集成 2　盛期ギリシア教父』平凡社、1992 年
白浜満・齊藤賀壽子『香部屋係のハンドブック――主よ、どこに過越の準備を（改訂新版）』教友社、2018 年
『聖大バシレイオスの「聖霊論」』山村敬訳、南窓社、1996 年
『聖ベネディクトの戒律』古田暁訳、すえもりブックス、2001 年
第二バチカン公会議公文書公式訳改訂特別委員会監訳『第二バチカン公会議公文書 改訂公式訳』カトリック中央協議会、2013 年
竹内清『象徴の造形――キリスト教のシンボルについて』南窓社、1981 年
R. テイラー『「教会」の読み方――画像や象徴は何を意味しているのか』竹内一也訳、教文館、2013 年
徳井淑子『色で読む中世ヨーロッパ』講談社、2006 年
中村圭志『宗教図像学入門――十字架、神殿から仏像、怪獣まで』中央公論新社、2021 年
中村元他編『岩波 仏教辞典 第二版』岩波書店、2002 年
南山大学監修『新風かおる教会（公会議解説叢書 5）』中央出版社、1969 年
日本カトリック司教協議会教理委員会訳『カトリック教会のカテキズム』カトリック中央協議会、2002 年
日本カトリック典礼委員会編『カトリック儀式書　結婚式』カトリック中央協議会、

1996年
――――『カトリック儀式書　成人のキリスト教入信式』1976年、カトリック中央協議会
――――『カトリック儀式書　病者の塗油』カトリック中央協議会、1980年
――――『カトリック儀式書　ゆるしの秘跡』カトリック中央協議会、1978年
――――『カトリック儀式書　幼児洗礼式』カトリック中央協議会、1975年
――――『教会の祈りの総則』カトリック中央協議会、2023年
――――『聖週間の典礼』カトリック中央協議会、2023年
――――『ミサの式次第』カトリック中央協議会、2022年
――――『朗読聖書の緒言』カトリック中央協議会、1998年
日本基督教団信仰職制委員会編『日本基督教団 式文（試用版）　主日礼拝式・結婚式・葬儀諸式』日本キリスト教団出版局、2006年
――――『日本基督教団 式文（試用版Ⅱ）　洗礼式ならびに入信諸式、転入会式・転会式、正教師按手礼・補教師准允式、教会諸式、個人の信仰生活に関する諸式』日本キリスト教団出版局、2009年
日本司教団典礼委員会編『コレクツィオ・リトゥウム（*Collectio Rituum*）』ドン・ボスコ社、1958年
日本聖公会『日本聖公会 祈祷書』日本聖公会事務局、2013年
日本福音ルーテル教会・日本ルーテル教団共同式文委員会監修『ルーテル教会式文（礼拝と諸式）』日本福音ルーテル教会、2001年
G. ハインツ＝モーア『〈新装版〉西洋シンボル事典――キリスト教美術の記号とイメージ』野村太郎・小林頼子監訳、内田俊一・佐藤茂樹・宮川尚理訳、八坂書房、2003年
K.-H. ビーリッツ『教会暦――祝祭日の歴史と現在』松山與志雄訳、教文館、2003年
M. フイエ『キリスト教シンボル事典』武藤剛史訳、白水社、2006年
B. フィッシャー『教会と共なる生活――典礼問答』J. アブリ訳、ドン・ボスコ社、1955年
福島綾子『香港カトリック教会堂の建設――信徒による建設活動の意味』九州大学出版会、2019年
P. F. ブラッドショー『初期キリスト教の礼拝』荒瀬牧彦訳、日本キリスト教団出版局、2006年
A. フリューラー『新しい祭服』林良子訳、南窓社、1966年
B. ボット『聖ヒッポリュトスの使徒伝承』土屋吉正訳、オリエンス宗教研究所、1987年

J. F. ホワイト『プロテスタント教会の礼拝――その伝統と展開』越川弘英監訳、プロテスタント礼拝史研究会訳、日本キリスト教団出版局、2005 年
山折哲雄監修『世界宗教大事典』平凡社、1991 年
J. A. ユングマン『古代キリスト教典礼史』石井祥裕訳、平凡社、1997 年
――――『ミサ』福地幹男訳、オリエンス宗教研究所、1992 年
吉田雅人『今さら聞けない !? キリスト教――礼拝・祈祷書編』聖公会出版、2015 年
S. K. ランガー『シンボルの哲学――理性、祭礼、芸術のシンボル試論』塚本明子訳、岩波書店、2020 年
M. ルルカー『聖書象徴事典』池田紘一訳、人文書院、1988 年
『礼拝と音楽』(日本キリスト教団出版局)
51 号 (1986 年・秋)「特集：キリスト教美術」
88 号 (1996 年・冬)「特集：信仰の表現としての象徴」
113 号 (2002 年・春)「特集：礼拝の空間・動き」
169 号 (2016 年・春)「特集：礼拝とからだ」
177 号 (2018 年・春)「特集：礼拝と視覚」
臨時増刊号『みんなでつくる私たちの礼拝――17 の礼拝例とアイディア』2001 年
レオ 1 世『キリストの神秘――説教全集』熊谷賢二訳、創文社、1965 年
「ローマ・ミサ典礼書の総則」日本カトリック典礼委員会編『ミサの式次第』カトリック中央協議会、2022 年、7–135 頁

A. Adam, *Das Kirchenjahr mitfeiern: Seine geschichte und seine Bedeutung nach der Liturgieerneuerung*, Freiburg - Basel - Wien 1979
M. Andrieu, *Les Ordines Romani du haut Moyen Age* I-V, Louvain 1960-65
R. Berger, *Pastoralliturgisches Handlexikon*, Freiburg - Basel - Wien 2013
P. Bradshaw (ed.), *The New Westminster Dictionary of Liturgy and Worship*, Louisville - London 2002 (= NWDLW)
Caeremoniale Episcoporum, Città del Vaticano 2008 (=『司教儀典書』)
Catholic Household Blessings and Prayers, Washington 2007
A. J. Chupungco (ed.), *Handbook for Liturgical Studies Vol. IV: Sacraments and Sacramentals*, Collegeville 2000
Congregazione per il Culto Divino e la Disciplina del Sacramenti, *Spiritus et Sponsa: Atti della Giornata commemorativa del XL della "Sacrosanctum Concilium"*, Città del Vaticano 2004
Congregation for Divine Worship and the Discipline of the Sacraments, *Directory on Popular*

Piety and the Liturgy: Principles and Guidelines, Città del Vaticano 2002
De Benedictionibus, Editio typica, Città del Vaticano 1985
De Ordinatione Episcopi, Presbyterorum et Diaconorum, Editio typica altera, Città del Vaticano 1990
A. Donghi, *Words and Gestures in the Liturgy*, Collegeville 2009
L. Duchesne (ed.), *Le Liber Pontificalis I*, Paris 1886
P. E. Fink (ed.), *The New Dictionary of Sacramental Worship*, Collegeville 1990（= NDSW）
C. Irvine (ed.), *The Use of Symbols in Worship*, London 2007
P. Jeffery, *A New Commandment-Toward a Renewed Rite for the Washing of Feet*, Collegeville 1992
R. M. Jensen, *Baptismal Imagery in Early Christianity*, Grand Rapids 2012
L. J. Johnson, *Worship in the Early Church* Vol. 1-4, Collegeville 2009
J. A. Jungmann, *Missarum Sollemnia - Eine genetische Erklärung der Römischen Messe* 1-2, 5. Auflage, Wien 1962
Lexikon für Theologie und Kirche 1-11, 3. Auflage, Freiburg - Basel - Rom - Wien 1993-2001
P. Maraval, *Égérie: Journal de Voyage*, SChr 296, Paris 1982
A. G. Martimort et al. (ed.), *The Liturgy and Time* (*The Church at Prayer*, Vol. 4), Collegeville 1983
M. Metzger, *Les Constitutions apostoliques, Tome III, Livres VII-VIII*, SChr 336, Paris 1987
Missale Romanum (Editio typica tertia), Città del Vaticano 2002
Missale Romanum ex decreto SS. Concilii Tridentini restitutum Summorum Pontificum cura recognitum (Editio typica 1962), Città del Vaticano 2010
L. C. Mohlberg et al. (ed.), *Liber Sacramentorum Romanae Aeclesiae Ordinis Anni Circuli (Sacramentarium Gelasianum)*, Roma 1960
C. Munier, *Justin: Apologie pour les chrétiens*, SChr 507, Paris 2006
New Catholic Encyclopedia, 2nd Ed., Detroit 2003
Ordo Dedicationis Ecclesiae et Altaris, Editio typica, Città del Vaticano 1990
K. Richter, *Was die sakramentalen Zeichen bedeuten: Zu Fragen aus der Gemeinde von heute*, Freiburg - Basel - Wien 1987

略 号

CCL *Corpus Christianorum, Series Latina*, Turnhout 1954-
MaC J. D. Mansi (ed.), *Sacrorum Conciliorum Nova et Amplissima Collectio*, Florence 1759-98

NDSW P. E. Fink (ed.), *The New Dictionary of Sacramental Worship*, Collegeville 1990

NWDLW P. Bradshaw (ed.), *The New Westminster Dictionary of Liturgy and Worship*, Louisville - London 2002

PG J. P. Migne, *Patrologiae Cursus Completus, Series Graeca*, Paris 1857-66

PL J. P. Migne, *Patrologiae Cursus Completus, Series Latina*, Paris 1844-64

SChr *Sources Chrétiennes*, Paris 1941-

索　引

な行

は行

ま行

や行

ら行

初出一覧

はじめに　『礼拝と音楽』162号（2014年・夏）

第1章　所作・動作

立　つ　『礼拝と音楽』165号（2015年・春）
座　る　『礼拝と音楽』173号（2017年・春）
ひざまずく　『礼拝と音楽』174号（2017年・夏）
オランス　『礼拝と音楽』168号（2016年・冬）
手を合わせる　『礼拝と音楽』182号（2019年・夏）
礼をする　『礼拝と音楽』180号（2019年・冬）
十字架のしるし　『礼拝と音楽』179号（2018年・秋）
接　吻　『礼拝と音楽』185号（2020年・春）
胸を打つ　『礼拝と音楽』186号（2020年・夏）
行　列　『礼拝と音楽』189号（2021年・春）

第2章　諸秘跡の典礼

パンを裂く　『礼拝と音楽』162号（2014年・夏）
ぶどう酒に加える水とホスティア　『礼拝と音楽』187号（2020年・秋）
平和のあいさつ　『礼拝と音楽』166号（2015年・夏）
浸礼・滴礼　『礼拝と音楽』171号（2016年・秋）
代父母　『礼拝と音楽』191号（2021年・秋）
灌　水　『礼拝と音楽』182号（2019年・夏）
按　手　『礼拝と音楽』169号（2016年・春）
塗　油　『礼拝と音楽』169号（2016年・春）
結婚の祝福　『礼拝と音楽』171号（2016年・秋）
共同司式　『礼拝と音楽』191号（2021年・秋）
集まる　『礼拝と音楽』192号（2022年・冬）
歌　う　『礼拝と音楽』167号（2015年・秋）
アーメン　『礼拝と音楽』189号（2021年・春）
沈　黙　『礼拝と音楽』173号（2017年・春）

第3章　典礼暦

主の日（日曜日）　『礼拝と音楽』190号（2021年・夏）
典礼色（祭色）　『礼拝と音楽』163号（2014年・秋）
アドヴェント・クランツ　『礼拝と音楽』163号（2014年・秋）

プレゼピオ（飼い葉桶）とクリスマスツリー　『礼拝と音楽』179号（2018年・秋）
40日　『礼拝と音楽』172号（2017年・冬）
断食（節食）　『礼拝と音楽』188号（2021年・冬）
枝の行列　『礼拝と音楽』176号（2018年・冬）
洗　足　『礼拝と音楽』164号（2015年・冬）
徹夜の祭儀　『礼拝と音楽』184号（2020年・冬）
復活のろうそく　『礼拝と音楽』172号（2017年・冬）
8日目・8日間　『礼拝と音楽』175号（2017年・秋）

第4章　祭　服

アルバ　『礼拝と音楽』167号（2015年・秋）
ストラとカズラ　『礼拝と音楽』175号（2017年・秋）
アミクトゥスとチングルム　『礼拝と音楽』176号（2018年・冬）
ダルマティカとカッパ（コープ）　『礼拝と音楽』188号（2021年・冬）
ミトラ、バクルス、パリウム　『礼拝と音楽』186号（2020年・夏）

第5．祭器・祭具

パテナとカリス　『礼拝と音楽』170号（2016年・夏）
祭壇布とコルポラーレ　『礼拝と音楽』178号（2018年・夏）
聖書と朗読用聖書　『礼拝と音楽』174号（2017年・夏）
四福音記者　『礼拝と音楽』192号（2022年・冬）
ろうそく（ランプ）　『礼拝と音楽』177号（2018年・春）
香と香炉　『礼拝と音楽』184号（2020年・冬）
灰　『礼拝と音楽』164号（2015年・冬）
受洗者の白い衣とろうそく　『礼拝と音楽』181号（2019年・春）
十字架　『礼拝と音楽』187号（2020年・秋）
聖　水　『礼拝と音楽』190号（2021年・夏）
鐘　『礼拝と音楽』185号（2020年・春）

第6章　礼拝の場

祭壇（聖卓）　『礼拝と音楽』178号（2018年・夏）
聖書朗読台　『礼拝と音楽』166号（2015年・夏）
説教壇　『礼拝と音楽』168号（2016年・冬）
司式者の席　『礼拝と音楽』177号（2018年・春）
聖櫃（タバナクル）　『礼拝と音楽』180号（2019年・冬）
洗礼盤・洗礼槽　『礼拝と音楽』165号（2015年・春）
東と西　『礼拝と音楽』181号（2019年・春）

あとがき

筆者が『礼拝と音楽』誌（日本キリスト教団出版局）に初めて寄稿したのは第二バチカン公会議（1962 ～ 65 年）を特集した第 90 号（1996 年・夏）でした。その後、1997 年 11 月からは編集委員に加えていただきました。それまで、他教派の教職や信徒の方々と交流する機会がほとんどなかったため、編集会議や企画会議での意見交換はとても新鮮でした。当時の編集委員長の故・今橋朗（あきら）先生をはじめ、歴代の委員長と編集委員の皆さんの礼拝と音楽に関する知識や関心の広さに驚き、つねに大きな刺激を受けています。

本書は、同誌の第 162 号（2014 年・夏）から第 192 号（2022 年・冬）まで 30 回にわたって連載した記事が基になっています。連載を始めるにあたり、読者の多くはプロテスタント教会の方々なので、シンボルに関する連載が受け入れられるだろうか、という不安がありました。しかし、今橋先生の御著書『礼拝を豊かに――対話と参与』（日本キリスト教団出版局、1995 年）の「礼拝におけるシンボル」（47 ～ 51 頁）のことばや、編集会議での委員の皆さんの発言にも励まされて連載を続けることができました。ここに心から感謝を申し上げます。

連載では、原則として毎回 2 種類のシンボルを取り上げました。ただし、各号で取り上げるシンボルについては、特集記事や発行時の典礼暦を考慮しつつ、そのつど選ぶことにしました。本書の出版にあたっては、連載で解説した 50 を超えるシンボルを 6 章にまとめて編集し直し、加筆・訂正を加えました。本書を初めから通読するだけでなく、関心のあるシンボルを選んで読む場合もふまえ、解説の中にはある程度、重複する内容が出てくることをお断りいたします。なお、連載時のタイトルは「礼拝とシンボル」でしたが、編集部と相談し、『シンボルで味わう典礼・礼拝』に改めました。

筆者はカトリックの神学を学び、現在では典礼を日々の仕事や研究の対象としています。そのため、本書で取り上げたシンボルは、カトリック教会で用いられているものを念頭において選び、その解説もカトリックの視点からとなっています。また、典礼で使用する用具や祭服など形のあるものだけでなく、所作や動作のほか、「集まる」「歌う」「アーメン」なども含め、対象を広げて選びました。各シンボルについては、聖書的背景、教父や教会著作家による言及、現在の典礼・礼拝における実践などの側面から解説を試みましたが、不備な点も少なからず含まれると思います。読者の皆様のご寛恕を賜りたいと思います。

執筆にあたっては多くの方々のお世話になりました。遅れがちな連載原稿を根気強く待ち、丁寧に編集してくださった日本キリスト教団出版局の千葉愛氏、本書の出版にあたりさまざまなアイデアを提示してくださった同出版局の秦一紀氏に心から感謝いたします。また、文章による解説を補うために、新生ルーテル教会の松本太郎司祭が連載第1回からイラストを描いてくださいました。しかしながら、2016年12月に急逝されたため、第12回からはイラストレーターの吉永直子氏が引き継いでくださいました。筆者の細かい要望を受け入れて分かりやすいイラストを描いてくださったお二人にも感謝いたします。本書の出版に際しては、全体の統一感という観点から、編集部と協議のうえ松本師が担当されたイラストを吉永氏に新たに描いていただきました。

教皇フランシスコ（在位2013年～）は、2022年6月29日付で典礼的養成に関する使徒的書簡 *Desiderio desideravi*（わたしは切に願っていた［ルカ22·15参照］）を発表しました。この書簡の中で教皇は、典礼におけるシンボルの大切さを強調し、シンボルを読み取ることが難しくなった現代人にとって、シンボルを用い理解する能力を回復するための養成が必要であると説いています。本書が、慣れ親しんだシンボルを通して驚くべき神秘に気づき、典礼・礼拝の伝統や豊かさを味わうための一助となれば幸いです。

2023年7月

宮越俊光

宮越俊光　みやこし・としみつ

1961年、神奈川県鎌倉市生まれ。上智大学大学院神学研究科博士前期課程修了（STL）。現在、上智大学・清泉女子大学・東京音楽大学非常勤講師、日本カトリック典礼委員会委員。国際典礼学会（Societas Liturgica）評議員（2017〜21年）、『礼拝と音楽』・“Studia Liturgica”編集委員。

著書　『早わかりキリスト教』（日本実業出版社、2005年）
編著書　『人物でたどる礼拝の歴史』（共編、日本キリスト教団出版局、2009年）
訳書　教皇ヨハネ・パウロ二世使徒的書簡『主の日——日曜日の重要性』（カトリック中央協議会、1999年）他

シンボルで味わう典礼・礼拝

2023年8月25日　初版発行
2024年4月25日　再版発行
© 宮越俊光　2023
著　者　宮　越　俊　光
発　行　日本キリスト教団出版局
〒169−0051　東京都新宿区西早稲田2−3−18
電話・営業03（3204）0422、編集03（3204）0424
https://bp-uccj.jp

印刷・製本　ディグ

ISBN 978−4−8184−1118−0　C1016　**日キ版**
Printed in Japan

日本キリスト教団出版局

人物でたどる 礼拝の歴史

江藤直純 / 宮越俊光：編

使徒教父時代から現代に至る各時代、礼拝をめぐる議論や実践に影響を与えた人々の生涯・思想・業績から多彩な礼拝の歴史を眺める。教派の枠を越えた執筆陣による稀有な礼拝史概説書。 A5 判 264 頁 3,000 円

シンボルで綴る聖書
CD-ROM 付

今橋　朗：著

ローマの人々には落書きに見えた魚の絵は、初期キリスト者にとってイエス・キリストの証しだった。著者直筆 180 点のシンボルが、聖書に記された神の救いの歴史を豊かに展開する。 A5 判 104 頁 1,600 円

キリスト教 礼拝・礼拝学事典

今橋　朗 / 竹内謙太郎 / 越川弘英：監修

カトリック、正教会、プロテスタントなど日本のキリスト教界が総力を結集、礼拝理解に必要な約 400 項目を詳述。最新の典礼・礼拝刷新の流れもふまえた知識、日本固有の問題にも触れる。 A5 判 530 頁 9,000 円

初期キリスト教の礼拝
その概念と実践

ポール・F. ブラッドショー：著
荒瀬牧彦：訳

最初の数世紀、キリスト者たちはどのような儀式を、なぜ行ったのか。歴史的・神学的に入信儀礼、ユーカリスト、典礼の時間について考察、時代背景と地域性からその起源と展開を探る。四六判 216 頁 2,500 円

キリスト教礼拝の歴史

J. F. ホワイト：著
越川弘英：訳

なぜ礼拝は、多様なかたちをとってきたのか。カトリック教会と 9 つのプロテスタント教会に至るキリスト教 2000 年の広がりと、多様な文化に適応した礼拝伝統の展開を見る。 A5 判 306 頁 5,200 円

ルターと賛美歌

徳善義和：著

宗教改革者ルターは「歌う人」でもあった。礼拝に会衆賛美を導入したルターが自ら作った賛美歌を、ルター研究の第一人者が現代語訳とともに紹介、その背景、込められた神学を解説。 四六判 250 頁 2,400 円

価格は本体価格。重版の際に変わることがあります。